杭州优秀传统文化丛书

Hangzhou Youxiu Chuantong Wenhua Congshu

长风吹送
书画船

魏丽敏———著

杭州出版社

图书在版编目（CIP）数据

长风吹送书画船 / 魏丽敏著 . -- 杭州：杭州出版
社 , 2021.12
（杭州优秀传统文化丛书）
ISBN 978-7-5565-1610-0

Ⅰ . ①长… Ⅱ . ①魏… Ⅲ . ①书画家－生平事迹－杭
州 Ⅳ . ① K825.72

中国版本图书馆 CIP 数据核字（2021）第 222476 号

Changfeng Chui Song Shuhua Chuan

长风吹送书画船

魏丽敏　著

责任编辑	杨　凡　刘　潇
装帧设计	章雨洁
美术编辑	祁睿一
责任校对	陈铭杰
责任印务	姚　霖
出版发行	杭州出版社（杭州西湖文化广场32号6楼） 电话：0571-87997719　邮编：310014 网址：www.hzcbs.com
排　　版	浙江时代出版服务有限公司
印　　刷	天津画中画印刷有限公司
经　　销	新华书店
开　　本	710 mm × 1000 mm　1/16
印　　张	18.25
字　　数	238千
版 印 次	2021年12月第1版　2021年12月第1次印刷
书　　号	ISBN　ISBN 978-7-5565-1610-0
定　　价	58.00元

序 言

文化是城市最高和最终的价值

我们所居住的城市，不仅是人类文明的成果，也是人们日常生活的家园。各个时期的文化遗产像一部部史书，记录着城市的沧桑岁月。唯有保留下这些具有特殊意义的文化遗产，才能使我们今后的文化创造具有不间断的基础支撑，也才能使我们今天和未来的生活更美好。

对于中华文明的认知，我们还处在一个不断提升认识的过程中。

过去，人们把中华文化理解成"黄河文化""黄土地文化"。随着考古新发现和学界对中华文明起源研究的深入，人们发现，除了黄河文化之外，长江文化也是中华文化的重要源头。杭州是中国七大古都之一，也是七大古都中最南方的历史文化名城。杭州历时四年，出版一套"杭州优秀传统文化丛书"，挖掘和传播位于长江流域、中国最南方的古都文化经典，这是弘扬中华优秀传统文化的善举。通过图书这一载体，人们能够静静地品味古代流传下来的丰富文化，完善自己对山水、遗迹、书画、辞章、工艺、风俗、名人等文化类型的认知。读过相关的书后，再走进博物馆或观赏文化景观，看到的历史遗存，将是另一番面貌。

　　过去一直有人在质疑，中国只有三千年文明，何谈五千年文明史？事实上，我们的考古学家和历史学者一直在努力，不断发掘的有如满天星斗般的考古成果，实证了五千年文明。从东北的辽河流域到黄河、长江流域，特别是杭州良渚古城遗址以4300—5300年的历史，以夯土高台、合围城墙以及规模宏大的水利工程等史前遗迹的发现，系统实证了古国的概念和文明的诞生，使世人确信：这里是古代国家的起源，是重要的文明发祥地。我以前从来不发微博，发的第一篇微博，就是关于良渚古城遗址的内容，喜获很高的关注度。

　　我一直关注各地对文化遗产的保护情况。第一次去良渚遗址时，当时正在开展考古遗址保护规划的制订，遇到的最大难题是遗址区域内有很多乡镇企业和临时建筑，环境保护问题十分突出。后来再去良渚遗址，让我感到一次次震撼：那些"压"在遗址上面的单位和建筑物相继被迁移和清理，良渚遗址成为一座国家级考古遗址公园，成为让参观者流连忘返的地方，把深埋在地下的考古遗址用生动形象的"语言"展示出来，成为让普通观众能够看懂、让青少年学生也能喜欢上的中华文明圣地。当年杭州提出西湖申报世界文化遗产时，我认为是一项需要付出极大努力才能完成的任务。西湖位于蓬勃发展的大城市核心区域，西湖的特色是"三面云山一面城"，三面云山内不能出现任何侵害西湖文化景观的新建筑，做得到吗？十年申遗路，杭州市付出了极大的努力，今天无论是漫步苏堤、白堤，还是荡舟西湖里，都看不到任何一座不和谐的建筑，杭州做到了，西湖成功了。伴随着西湖申报世界文化遗产，杭州城市发展也坚定不移地从"西湖时代"迈向了"钱塘江时代"，气势磅礴地建起了杭州新城。

从文化景观到历史街区，从文物古迹到地方民居，众多文化遗产都是形成一座城市记忆的历史物证，也是一座城市文化价值的体现。杭州为了把地方传统文化这个大概念，变成一个社会民众易于掌握的清晰认识，将这套丛书概括为城史文化、山水文化、遗迹文化、辞章文化、艺术文化、工艺文化、风俗文化、起居文化、名人文化和思想文化十个系列。尽管这种概括还有可以探讨的地方，但也可以看作是一种务实之举，使市民百姓对地域文化的理解，有一个清晰完整、好读好记的载体。

传统文化和文化传统不是一个概念。传统文化背后蕴含的那些精神价值，才是文化传统。文化传统需要经过学者的研究提炼，将具有传承意义的传统文化提炼成文化传统。杭州在对丛书作者写作作了种种古为今用、古今观照的探讨交流的同时，还专门增加了"思想文化系列"，从杭州古代的商业理念、中医思想、教育观念、科技精神等方面，集中挖掘提炼产生于杭州古城历史中灵魂性的文化精粹。这样的安排，是对传统文化内容把握和传播方式的理性思考。

继承传统文化，有一个继承什么和怎样继承的问题。传统文化是百年乃至千年以前的历史遗存，这些遗存的价值，有的已经被现代社会抛弃，也有的需要在新的历史条件下适当转化，唯有把传统文化中这些永恒的基本价值继承下来，才能构成当代社会的文化基石和精神营养。这套丛书定位在"优秀传统文化"上，显然是注意到了这个问题的重要性。在尊重作者写作风格、梳理和讲好"杭州故事"的同时，通过系列专家组、文艺评论组、综合评审组和编辑部、编委会多层面研读，和作者虚心交流，努力去粗取精，古为今用，这种对文化建设工作的敬畏和温情，值得推崇。

人民群众才是传统文化的真正主人。百年以来，中华传统文化受到过几次大的冲击。弘扬优秀传统文化，需要文化人士投身其中，但唯有让大众乐于接受传统文化，文化人士的所有努力才有最终价值。有人说我爱讲"段子"，其实我是在讲故事，希望用生动的语言争取听众。今天我们更重要的使命，是把历史文化前世今生的故事讲给大家听，告诉人们古代文化与现实生活的关系。这套丛书为了达到"轻阅读、易传播"的效果，一改以文史专家为主作为写作团队的习惯做法，邀请省内外作家担任主创团队，组织文史专家、文艺评论家协助把关建言，用历史故事带出传统文化，以细腻的对话和情节蕴含文化传统，辅以音视频等其他传播方式，不失为让传统文化走进千家万户的有益尝试。

中华文化是建立于不同区域文化特质基础之上的。作为中国的文化古都，杭州文化传统中有很多中华文化的典型特征，例如，中国人的自然观主张"天人合一"，相信"人与天地万物为一体"。在古代杭州老百姓的认知里，由于生活在自然天成的山水美景中，由于风调雨顺带来了富庶江南，勤于劳作又使杭州人得以"有闲"，人们较早对自然生态有了独特的敬畏和珍爱的态度。他们爱惜自然之力，善于农作物轮作，注意让生产资料休养生息；珍惜生态之力，精于探索自然天成的生活方式，在烹饪、茶饮、中医、养生等方面做到了天人相通；怜惜劳作之力，长于边劳动，边休闲娱乐和进行民俗、艺术创作，做到生产和生活的和谐统一。如果说"天人合一"是古代思想家们的哲学信仰，那么"亲近山水，讲求品赏"，应该是古代杭州人的生动实践，并成为影响后世的生活理念。

再如，中华文化的另一个特点是不远征、不排外，这体现了它的包容性。儒学对佛学的包容态度也说明了这一点，对来自远方的思想能够宽容接纳。在我们国家的东西南北甚至是偏远地区，老百姓的好客和包容也司空见惯，对异风异俗有一种欣赏的态度。杭州自古以来气候温润、山水秀美的自然条件，以及交通便利、商贾云集的经济优势，使其成为一个人口流动频繁的城市。历史上经历的"永嘉之乱，衣冠南渡"，"安史之乱，流民南移"，特别是"靖康之变，宋廷南迁"，这三次北方人口大迁移，使杭州人对外来文化的包容度较高。自古以来，吴越文化、南宋文化和北方移民文化的浸润，特别是唐宋以后各地商人、各大商帮在杭州的聚集和活动，给杭州商业文化的发展提供了丰富营养，使杭州人既留恋杭州的好山好水，又能用一种相对超脱的眼光，关注和包容家乡之外的社会万象。这种古都文化，也代表了中华文化的包容性特征。

城市文化保护与城市对外开放并不矛盾，反而相辅相成。古今中外的城市，凡是能够吸引人们关注的，都得益于与其他文化的碰撞和交流。现代城市要在对外交往的发展中，进行长期和持久的文化再造，并在再造中创造新的文化。杭州这套丛书，在尽数杭州各色传统文化经典时，有心安排了"古代杭州与国内城市的交往""古代杭州和国外城市的交往"两个选题，一个自古开放的城市形象，就在其中。

"杭州优秀传统文化丛书"在传统和现代的结合上，想了很多办法，做了很多努力，他们知道传统文化丛书要得到广大读者接受，不是件简单的事。我们已经走在现代化的路上，传统和现代的融合，不容易做好，需要扎扎实实地做，也需要非凡的创造力。因为，文化是城市功能的最高价值，也是城市功能的最终价值。从"功能城市"走向"文化城市"，就是这种质的飞跃的核心理念与终极目标。

2020 年 9 月

（单霁翔，中国文物学会会长）

西湖图（局部）

目　录

杭 州 风 华 HANG ZHOU

引 子

杭州如此多娇，引无数大师竞折腰

　　常言道"上有天堂下有苏杭"，如果说苏州以精心打造的众多园林胜景闻名天下，杭州则仅凭一个不大不小的西湖就让无数游人流连忘返，更让马可·波罗在其游记中赞誉杭州是"世界上最美丽华贵之天城"——所谓"人间天堂"之称谓，很可能就是出自这一句赞美。当然，一向寄情于青山绿水的中国文人更是臣服于杭州与西湖的美景之中。自从苏东坡写下"欲把西湖比西子，淡妆浓抹总相宜"的佳句后，杭州西湖就一直是无数文人墨客心中永久的眷恋，尤其是那些妙笔绘丹青的书画大师，更是把杭州之繁华、西湖之妩媚无数次展现在浓笔重彩之中，也为后人留下众多以杭州、以西湖为题材的书画经典。

　　而且，这些书画大师无论原籍是北方还是南方，都对居住、生活在杭州表现出真诚的向往和渴望，都为西湖的美景所折服。至于那些原籍杭州的艺术家，更是以自己是本地人而自豪，他们创作的有关家乡的书画作品也因此流露出更多的柔情。

　　中国书法和绘画，以特有的表现手法和美学观念在世界美术史上占有重要而独特的地位，那么当在书法中出现了"杭州"、在绘画中描绘了西湖，又该是怎样的惊艳、怎样的美丽、怎样的独具一格？那些出生在杭州或者在杭州生活创作过的艺术大师，又和杭州、和西湖有着怎样的联系，在这里又留下了怎样感人的故事？

亲爱的读者，如果你想了解这一切，请跟随我们的脚步，进入那一段段不平凡的历史，抚摸那一页页灿烂华丽的篇章，最终进入那些大师的世界，领略西湖及艺术的魅力吧！

第一章

西湖之滨的"线条大师"

——书法家褚遂良

一、武后遗诏

公元705年。初冬的洛阳有些阴冷，树叶已透出枯黄的意味，北风吹得路上的行人不由地裹紧了身上的衣物，枯叶飘飘荡荡地落下，又倔强地在空中打了几个旋，似要飘进那戒备森严的城墙，企图一窥盛唐的繁华。

此时，一代女皇武则天已经病入膏肓，一阵一阵的悲鸣声在皇宫内响起，惊起了觅食的鸟儿，振翅起飞。它的眼里映入的是跪满一屋正在低头悲泣的人。风吹动黄色的帷幔，那皇家才可以用的颜色真是光艳夺目，只是在它掩映下的那位白发苍苍的老者为何一动不动？突然屋内传出一声哀嚎，吓得鸟儿不敢在此逗留半刻，它不知道的是——随着它离去的是一个时代的结束。

"去帝号，归本宫，叶落归根也。"这一年冬天，一代女皇武则天弥留之际为儿子唐中宗李显留下这十一个字的遗言，走完了自己辉煌的一生。丈夫是皇帝，儿子是皇帝，自己也是皇帝，在一个男权当道的封建社会里，她的存在可谓是独一无二。争强好胜了一辈子，回顾自己的一生，从才人做到皇帝，可谓是无人能出其右。只是年老病死前被孤立，又被逼退位，导致其结局又有些悲凉的意味。这样的女强人，最终还是在时间面前低下了头，被迫"退休"之后，强势了近乎一生的她，还是做出了让人钦佩的决定。

老话说"人之将死其言也善"，已病入膏肓的武则天，除了留下遗言，竟然在奄奄一息之时还留下一道遗诏，其中有这样一句话："要给曾经含冤受累的褚遂良、韩瑗等人平反！"这就相当于在说自己以前做错了，敢于承认错误的人本身就值得敬佩，何况是皇帝呢。

褚遂良、韩瑗何许人也？他们遭受了怎样的经历，又为何要平反？一大串的疑惑，只能让历史为我们揭开答案。纵观整个唐朝，它占据中国历史二百八十九年，共有二十一位帝王在史书上留下名字，而这位在中国历史上都绝无仅有的女皇帝，更是为这段历史添加了传奇色彩。二十一位皇帝中其实为后人熟知的也就那么几位，也是影视剧和小说里的常客，更演绎出了许多版本，让人难辨真伪。如今我们能相信的也只有史官手中那支笔了，所谓万变不离其宗嘛。打开历史的卷轴，掸落浮于表面的尘埃，历史变得清晰可见。

如今人们提及褚遂良，首先想到的便是他的书法成就，但其实历史上的褚遂良不是作为书法家而是作为政治家被载入史册的——无论《旧唐书》还是《新唐书》，在其传记中主要记载的都是其从政的事迹，其中最著名的就是他和韩瑗等人一起反对武则天被封后一事。

永徽六年（655），彼时的韩瑗还不是宰相，只是进拜侍中，兼任太子宾客。唐高宗李治废黜原配王皇后，改立武则天为后，他的舅舅兼宰相长孙无忌，以及辅政大臣褚遂良等均极力反对此事，大臣韩瑗在选择站队时坚决站在了长孙无忌这一边。韩瑗痛哭进谏："皇后是先帝为陛下娶的，如今无罪却要被废，这不是社稷之福。"可铁了心的唐高宗不听。次日韩瑗再次进谏："匹夫尚且知道挑选媳妇，何况天子？《诗经》有云：'赫赫宗周，褒姒灭之。'臣每次读到此处，都要掩卷叹息，不想今日竟亲眼见证这种灾祸！"高宗一时大怒，命人将韩瑗拉出大殿。而褚遂良更是态度坚决，他说自己反对的不是废皇后，而是反对一个伺候过先皇的人当皇后。他甚至当庭将朝笏置于台阶之上，脱冠解巾，伏在台阶上磕头，一激动还磕出了血。他的所作所为相当于将武则天人生简历里最不愿意被人提及的一章毫无掩饰地展现在世人面前。这一切似乎都戳到了武则天的脊梁骨，她对褚遂良恨之入骨，恨不得当时就杀了他。

当然，皇帝也不是孤军奋战的，还是有一批拥护者的，而且他们还是最终的赢家。后来的事大家都知道了——武则天被立为皇后。

韩瑗和褚遂良等人不仅输了，还被某些当事人记恨上了。事后，相对势弱的韩瑗被贬黜，而他所支持的长孙无忌也在显庆四年（659）为人所诬，最终落得一个自缢而死的下场。当然，褚遂良也不能幸免于难，若不是高宗的亲舅舅长孙无忌说"遂良受先帝顾命，有罪不可加刑"，褚遂良大概早就向李世民报到去了。但他还是被贬到桂州（今广西桂林），没多久又被贬为爱州（今越南清化）刺史，最终卒于任上。那些反对武则天的人，似乎都没能落得一个好下场。辛弃疾《破阵子·为陈同甫赋壮词以寄之》中有名句说"了却君王天下事，赢得生前身后名"，虽然此词出于南宋，但多少君主却早已想赢得"身后名"。武则天的传奇太多，其一生该如何评价历来也是众说纷纭，20世纪时，还有大学者郭沫若极力主张为武则天翻案，他所写同名历史剧中的武则天就是一个明君。不过，晚年的武则天对当年的所作所为也多少有些悔意，她最终还政于李家，在墓前留下无字碑……可见也是在乎后世对自己的评价的。

至于褚遂良，虽然其从政之途极为坎坷，但论出身他也是高门子弟，而且在书法艺术领域是一代大家，与欧阳询、虞世南、薛稷并称为"初唐四大家"，这样的人物该如何处置，想来武则天也是经过深思熟虑的，估计她也担忧后世的口诛笔伐，才在临终之际表示要为褚遂良平反。

除却其政治家的身份，让我们来看看这位谥号"文忠"、配享高宗庙庭的一代书法名家褚遂良，以及他和家乡"天堂"杭州的关系。

褚遂良出身于名门望族、书香世家。祖上居阳翟（今河南禹州），自十二世祖、晋安东将军、扬州都督褚砳随晋元帝渡江，始迁居丹阳（今安徽当涂），后有一支移居杭州钱塘（今浙江杭州）。据《西湖游览志》记载，杭州旧时有褚遂良寓所褚家堂："忠清里，本名升平巷，北为褚家堂……以遂良故里得名。""助圣庙，在忠清里，以祀唐仆射褚遂良者。"《武林坊巷志》中也有记载："褚堂巷亦名褚家塘，为遂良故里。清讹为池塘巷。"《武林坊巷志》说此处原名褚堂巷，后讹为池塘巷，似更合乎语音演变的逻辑。

按褚遂良的出身，那是妥妥的官后代。他的高祖褚湮做过南北朝时梁国的御史中丞，曾祖褚蒙为太子中舍人。在讲究门阀的南朝，褚姓门第虽不及王、谢，但也是颇具影响力的名门。褚遂良的父亲褚亮（560—647），字希明，在隋朝时就官至散骑常侍。而后隋朝被唐朝取而代之，秦王李世民因战功显赫，高祖李渊遂命殺機，天地反覆；天人合發，萬化定基。性有巧拙，可以伏藏。九竅之邪，在乎三要，可以動靜。火生於木，禍發必克；奸生於國，時動必潰。知之脩煉，謂之聖人。

日月有數，大小有定，聖功生焉，神明出焉。其盜機也，天下莫能見，莫能知。君子得之固躬，小人得之輕命。下篇。瞽者善聽，聾者善視。絕利一源，用師十倍；三返晝夜，用師萬倍。心生於物，死於物，

文理哲。人以愚虞聖，我以不愚虞聖；人以奇期聖，我以不奇期聖。故曰：沉水入火，自取滅亡。自然之道靜，故天地萬物生。天地之道浸，故陰陽勝。陰陽相推，而變化順矣。是故聖人知

〔唐〕褚遂良《阴符经》

陰符經

上篇

觀天之道執天之行盡矣天有五賊見之者昌五賊在心施行於天宇宙在乎手萬化生乎身天性人也人心機也立天之道以定人也天發殺機移星易宿地發殺機龍蛇起陸人發殺機天地反覆天人合發萬化定基性有巧拙可以伏藏九竅之邪在乎三要可以動靜火生於木禍發必克奸生於國時動必潰知之修煉謂之聖人

中篇

天生天殺道之理也天地萬物之盜萬物人之盜人萬物之盜三盜既宜三才既安故曰食其時百骸理動其機萬化安人知其神之神不知不神之所以神也日月有數大小有定聖功生焉神明出焉其盜機也天下莫能見莫能知君子得之固躬小人得之輕命

下篇

瞽者善聽聾者善視絕利一源用師十倍三返晝夜用師萬倍心生於物死於物機在目天之無恩而大恩生迅雷烈風莫不蠢然至樂性餘至靜性廉天之至私用之至公禽之制在氣生者死之根死者生之根恩生於害害生於恩愚人以天地文理聖我以時物文理哲人以愚虞聖我以不愚虞聖人以奇期聖我以不奇期聖故曰沉水入火自取滅亡自然之道靜故天地萬物生天地之道浸故陰陽勝陰陽相推而變化順矣是故聖人知自然之道不可違因而制之至靜之道律曆所不能契爰有奇器是生萬象八卦甲子神機鬼藏陰陽相勝之術昭昭乎進乎象矣

起居郎臣褚遂良奉敕書

其掌握东部平原文、武两方面的大权，并允许他在洛阳开府，这就是天策府。李世民对经史典籍颇为重视，开府后设立了文学馆，不拘一格招揽天下名士，馆中每一位学士都有一定特长，如经义、文学、治国之道等，大名鼎鼎的杜如晦、房玄龄、虞世南等著名的十八学士便由此而来，以文学著称的褚亮也是其中一员。李世民对他们确实十分器重，曾命画家阎立本为十八学士画像，号《十八学士写真图》，藏于书府，以彰显礼贤之重。以至于时人把能够进入文学馆称为"登瀛洲"，后世史学家也有赞誉："猗与文皇，荡涤苍昊。十八文星，连辉炳耀。虞褚之笔，动若有神。安平之什，老而弥新。"这些人组成了李世民的智囊团，也为他夺取政权、开创"贞观之治"立下了汗马功劳。

据史料记载，太宗征伐，褚亮常伴随左右。褚遂良后来随父亲一起出仕，近水楼台，因着父亲的这层关系，不仅在仕途上多得父友魏徵、长孙无忌等元老重臣的眷顾，从而成为唐太宗的重要谋臣，而且学识也与日俱增，在书艺上更是得到欧阳询、虞世南等名家的指导。褚亮死后，"太宗甚悼惜之，不视朝一日"，赠太常卿，谥曰"康"，陪葬昭陵。祖上荫封犹在，而褚遂良本人在李治即位后，也曾被封为河南县公，后又封为河南郡公，因此在历史上有"褚河南"之称。他以卓越的政治才能，尽心辅佐朝政。所以后来他因故被贬，自然有很多人同情。武则天遗诏上所言，也确实表现出了女皇的后悔之意。而且褚遂良当年虽然被罢黜，却因在朝堂上据理力争、义正辞严地阻止废后而在历史上留下"临大节而不可夺"的美名，受到人们的赞扬。

武则天虽然在政治上对褚遂良进行打压，但这是出于政治统治的需要。事实上武则天对人才非常重视，如看到骆宾王写的讨伐她的《讨武曌檄》一文后，不但不生气，还因此人未能为己所用而遗憾。武则天本人喜爱书法，也常有独到的见解。她尤其偏爱"二王"之作，对褚遂良的书法也抱有敬意。她学习书法期间，曾大量观察、临摹褚遂良等人编纂的王羲之墨迹，在艺术上也算得上与褚遂良相通相知，所以当褚遂良对她的政治统治不再有威胁的时候，她在临终前选择宽恕这位书法家似乎也解释得通。

无论如何，这一切都可以印证一个事实：褚遂良的书法艺术着实了得。毕竟"初唐四大家"不是随随便便就能入选的，其他三位也不是等闲之辈：被称为唐人楷书第一的欧阳询；继承了"二王"书法的传统，被李世民称赞"有五绝"（一曰德行，二曰忠直，三曰博学，四曰词藻，五曰书翰）的虞世南；依靠外祖魏徵自小便得以临摹各大名家真迹，自学成才的薛稷。在这四位中，褚遂良可谓是一个特别的存在。他自小便涉猎文史，幼时跟从隋末唐初的"楷书之王"史陵学习书法，后来又受前辈欧阳询、虞世南的指导。但在他的书法里却找不到他们的影子，如脱胎换骨一般，最终自成一家。

李世民非常重视教育，当时的中央官司学——国子监可以容纳两千名学生学习。除此之外，他还专门设立了贵族学校——弘文馆和崇文馆，专供皇族及高级官员子弟就读，一时文教大盛。据《唐会要》卷六四"史馆杂录下"的记载，弘文馆的日常事务就是由褚遂良来管理的，当时人们把他称为"馆主"。当时规定弘文、崇文两馆的学生如要争取出仕，必须"楷书字体，皆得正样"。意思就是说你要当官，首先得写好字，特别是楷书。这其实也是现实需要，毕竟当时大量的文字记录都需依靠人工抄写，尤其是官方文献和文书。而且唐朝又大力提倡儒学，兼顾佛学与道教，著述典籍蔚然成风，这些都需要极其繁重的书写工作。但抄书不是个简单的工作，既要求字迹清楚、书写整齐，又要求字体美观大方。从供求关系来说，必然需要大量优秀的抄写者，也就需要国家大力培养书法人才。于是，唐太宗曾敕令虞世南、欧阳询"教示楷法"，并令以内府珍藏的各种前人书法真迹作为观赏临摹的范本。褚遂良在楷书方面的地位颇高，深受唐太宗的推崇，自然对后世影响极大。

二、鉴王圣手

深夜，灯火通明的屋内，只有油灯燃烧的声音。身着明黄色常服的男子久久地注视着眼前微微泛黄的纸张，手不自觉地抚摸着，又生怕破坏了它，放轻了手上的动作。书桌四周甚至是地上都散落着大大小小的宣纸，上面的一笔一画皆是用尽了心力一般。若仔细看，会发觉那些凌乱的纸张上虽不是同一个字，却是同一种笔法。此刻，放下毛笔的他，手指又在自发地比画着什么，眼睛却一刻也不肯离开那些端秀清新、飘若浮云、矫若惊龙的字体，落款处的御印彰显了它的弥足珍贵。若不是身边的侍从好心提醒他明日还要早朝，想来这一夜他又会因为这份得之不易的书法作品而无法入眠。

这位痴迷书法的人物便是历史上赫赫有名的帝王——唐太宗李世民。提到李世民，很多人的脑海中便会出现"玄武门之变""贞观之治"这样的字眼，但除了帝王身份，其实他还有一个独特的身份存在于书法界——晋朝书法大家王羲之的头号"迷帝"。而这幅让他爱不释手的书法作品便是被称为"天下第一行书"的《兰亭集序》。纵观整幅书法，首尾相接、前后呼应、变化多端、一气呵成，在虚实结合上也是恰到好处，真真是一幅绝佳的书法作品。只可惜《兰亭集序》现在已是真迹难寻，细究这事，还得从李世民痴迷王羲之的书法说起。

李世民喜欢王羲之的书法，一度达到了疯魔的程度。作为帝王，他有钱，还有权。他曾多次开展轰轰烈烈的搜集王书活动，下诏以金帛购求王羲之书迹，唐代的《徐氏法书记》有载："太宗于右军之书，特留睿赏，贞观初，下诏购求，殆尽遗逸。"除此之外，当然也有不少人投其所好地上供。于是乎，王羲之存世的作品都被他搜罗殆尽了。即使这样还不够，他还在贞观二十年（646）下诏，命宰相房玄龄等人主持编修《晋书》，并亲自审定《晋书·王羲之传》一章，读罢犹感言未尽意。观赏了那么多王羲之的真迹，又对比了多位大家作品之后，有着诸多心得的唐太宗，提笔在这篇传记后添写了一段传论。在传论前半部分，他一一点评了张芝、师宜官、钟繇、王献之、萧子云等汉代至六朝时期书法史上的大家，但在后半部分说："此数子也，皆誉过其实。所以详察古今，研精篆素，尽善尽美，其惟王逸少乎！"用一句话概括就是：贬尽诸家，独尊王书。为了突出偶像的完美，不惜贬低别人，这个别人里还包括偶像的儿子，甚至用了"尽善尽美"四个字来评价王羲之的书法，可见其对王羲之书法的喜爱简直到了疯魔的地步。

贞观十二年（638），李世民获知自己视为书法老师的虞世南去世的消息时非常伤心，叹息道："虞世南死，无与论书者！"也就在此时，魏徵大概是为了减轻李世民的难过心情，及时把字体很有王羲之风范的褚遂良推荐给李世民，并说："褚遂良下笔遒劲，甚得王羲之体。"李世民一听魏徵这么说，马上就让人拿褚遂良的作品来看，果然如魏徵所说，便即刻命褚遂良为"侍书"。自此，褚遂良在太宗朝平步青云、官运亨通。

褚遂良不仅誊录模仿王羲之的作品有一手，还是当时王羲之书法最权威的鉴赏家。他对王羲之书法有极深的研究和深刻的理解，彼时无人能出其右，这是他深得

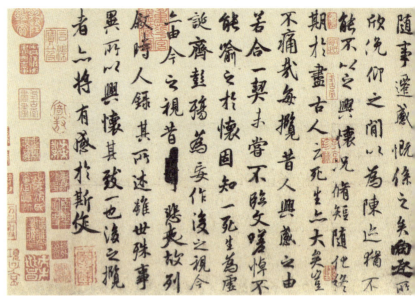

〔唐〕褚遂良《摹兰亭序》

唐太宗信赖的一个重要原因。因为皇帝爱好王羲之的作品，无数善于钻营的人便纷纷带着所谓的王羲之的作品到京城进献。一般的仿制品当然前期就被淘汰出局，高仿的估计也逃不过唐太宗的火眼金睛，但要是遇到特 A 级的高仿产品，据说只有褚遂良能辨别真伪，而且还能详尽地论述其来龙去脉，无一差错，于是乎再无人敢拿赝品来糊弄唐太宗了。不仅王羲之的《十七帖》是经褚遂良鉴定后流传下来的，而且他还编写了《晋右军王羲之书目》，对后人了解和研究王羲之作品起到很大的帮助作用。

褚遂良能在李世民身边为官，对他书法水平的提升也极有助益。拿着俸禄赏王羲之墨宝，特别是能近距离欣赏《兰亭集序》的真迹，元代大家赵孟頫若是知道了想来会羡慕嫉妒死。要说这份真迹，其实李世民得来也不易。他登基之后，竭力揽尽天下"王书"，并将其装订成书卷，印上"贞观"二字。可他一直无缘一见最负

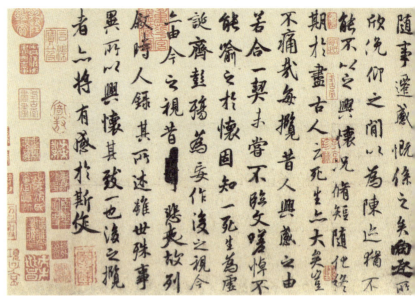

盛名的《兰亭集序》，并引为平生最大的遗憾。估计他喜欢有事没事在人前叹个气说道几句，于是有心人便一直在打听《兰亭集序》的下落。《兰亭集序》不仅让后人觊觎，就连王羲之本人当年也将其视为得意之作。一般来说，书画家的作品，在晚年的成就会大于早年，晚年往往能创作出集大成之作，甚至达到登峰造极之境。《兰亭集序》便是写于王羲之五十一岁时，记述的是他与当朝众多达官显贵、文人墨客雅集于兰亭进行曲水流觞的盛事。就文章内容而言，清新优美，一气呵成，抒发了他对人之生死的感叹；就书法技艺而论，满篇遒健飘逸，落笔行云流水。全文共 324 字，最为人称道是 21 个"之"字，字字不同，被视为神来之笔。《兰亭集序》是文学与艺术的双绝之作，被历代书界奉为极品，王羲之也因此被后世尊为"书圣"。

　　书画作品的一大特性便是难以复刻，即使是本人重新创作也难再现相同的意境。据传王羲之此后也曾数度重书《兰亭集序》，但均逊色于原作，所以这份原稿一直被视为传家之宝，为王氏后代珍藏。

一直相安无事地代代相传至第七代，也就是王羲之的七世孙——第五子王徽之的后代——号"永禅师"的唐代著名书法大家智永和尚。他一直将传家之宝《兰亭集序》随身携带，并带到云门寺悉心保管。智永和尚圆寂时，将此传家宝留给了自己的徒弟辩才和尚，并交代他妥善保管。如果不出意外的话，这幅字应该是一代代传承下去的，要是它还在，以它的地位一定能在《国宝档案》等节目中向世人展示一番身姿，可是它遇到了唐太宗。

精通琴棋书画的辩才和尚得到《兰亭集序》后秘不示人，在自己住处的房梁上掏了一个暗龛，用来收藏。也不知道李世民怎么就知道了此事，为得到此真迹，堂堂一代帝王也算是"无所不用其极"了。他先是亲自出马，将辩才请到长安，晓之以理，动之以情，还委以官职，但无论李世民是盛情款待还是百般利诱，辩才只是装憨作痴，不承认《兰亭集序》真迹在自己手上。李世民无奈之下只好放辩才回去。

明知心头好在那却得不到，犹如百爪挠心，不死心的李世民几次三番和心腹大臣们说起这件事。于是，出生于书法世家的监察御史萧翼被房玄龄举荐，乔装成穷愁潦倒的书生来到浙江绍兴，前往辩才和尚所在的永欣寺，试图窃取《兰亭集序》。一番"偶遇"之后，萧翼与辩才相谈甚欢。他们谈诗论文，喝酒品画，颇有相见恨晚之感。待时机成熟，萧翼拿出三件王羲之的墨宝，甚为得意地高声赞美，并说自己这三件乃是当世最好的王羲之作品。手握珍宝的辩才和尚自然不肯认同，他称自己曾看到过《兰亭集序》，那才是最好的。萧翼听了，假装不相信，还说《兰亭集序》早就在兵荒马乱中被烧毁了，甚至说他师父智永和尚珍藏的一定是假的。不知此为激将法的辩才和尚果然上当，一时头脑发热，便将收藏的真迹取来。后来萧翼趁辩才外出之机，将《兰亭集序》偷走献给了唐太宗。唐代大画家阎立本的名作《萧翼赚兰亭图》，就是根据唐人何延之《兰亭始末记》中的这则故事所作。

唐太宗得到《兰亭集序》之后，不仅自己欣赏，还让书法家临摹。褚遂良自然有幸得见真迹临摹一番。后来传世的皆是虞世南、欧阳询（《定武本》）、褚遂良等书法名家临摹的版本以及拓书人赵模、冯承素、韩道政、诸葛真等人的拓本。宋代书法家米芾在《褚遂良摹兰亭序跋赞》中对褚遂良临的《兰亭集序》有这样的评价："虽临王帖，全是褚法。"对之大加赞赏。只可惜如今褚遂良的书法作品多已踪迹难寻，且多为碑刻。

很多人可能要问，《兰亭集序》真迹去哪了？因为实在太爱了，唐太宗临终前留下遗嘱，要用真迹陪葬。太宗驾崩之后，为遵循前任老板的嘱托，已升至中书令的褚遂良奏请高宗李治说："《兰亭集序》是先帝看重的宝物，不可以强留在人世间，应当让它随先帝而去。"于是，《兰亭集序》随太宗安眠于昭陵，本来也就是埋在地下，说不定哪天考古就能再现人间。可是谁能想到，唐朝末年时，耀州节度使温韬利用职务之便，疯狂盗取关中地区的唐皇墓陵，昭陵也未能幸免。要知道，昭陵里可不止《兰亭集序》这样珍贵的书画。温韬这个不识书画的莽夫，打开地宫之后只识金银财宝，而将那些无价之宝的书画随意弃之。至此，《兰亭集序》真迹就下落不明了。

三、线条大师

中国书法历来被称为"线条的艺术"，褚遂良则被称为"线条大师"，其后期作品更是体现"线条之美"的代表。这"线条大师"美名的由来，还和一个故事有关。

公元636年，因辅佐唐太宗开创"贞观之治"留下"千古贤后"美名的长孙皇后逝世，上至皇室下到平民，人人都很悲痛，最悲伤的当然是唐太宗。唐太宗的四子李泰，自幼聪明伶俐，平日最受父皇喜爱。他看到父皇悲伤的样子，就想为父皇做点什么，以进一步获得太宗的好感。有人建议最好请大臣当中文笔最好的岑文本写一篇纪念长孙皇后的文章，然后刻碑流传后世。李泰一听大喜，马上让岑文本撰写。这岑文本时任中书侍郎，本来就对长孙皇后极为尊重，文章自然写得声情并茂、神采飞扬，李泰看后十分满意。不过，该找谁书写这篇妙文以便让工人刻在碑石上呢？岑文本告诉李泰，朝中善书者虽多，但最合适者是褚遂良，因为他的书法端庄刚正，用来表现长孙皇后的贤德最为恰当。李泰也知道褚遂良的书法造诣极深，就采纳了岑文本的建议。

褚遂良果然没有辜负李泰的期望，他知道长孙皇后是位贤后，受到群臣敬重，所以在此碑的书写上运用方笔、隶意来表达方正宽博之意，运笔刚劲有力，点画棱角分明，字体既端庄又极合法度，李泰看后大喜，不禁赞叹道："看这字体，线条多么流畅，竟有飞扬之姿，褚遂良可以称之为'线条大师'也。"遂命人呈给唐太宗。太宗看后也十分满意，遂命人将碑文刻在河南省洛阳龙门石窟宾阳洞内，这便是著名的《伊阙佛龛碑》。此碑是摩崖刻石，共32行，额篆"伊阙佛龛之碑"3行6字，计1600余字。碑体高约5.00米、宽1.90米，是现存最早最可靠的褚遂良书法作品，又名《三龛记》《龙门三龛碑》，亦称"褚遂良碑"。

苏轼在《东坡集》里对此碑有很高的评价："褚河南书，清远潇散。"清代文学家刘熙载也有"兼具欧、虞之胜"的评价。甚至连讥讽唐楷的康有为也对此碑极为认同，赞其"清虚高简"。除了褚遂良书艺高超之外，主要是此碑字体与所颂之人端庄沉稳的形象极为贴合，两者相得益彰。由此碑开始，褚遂良开始了他成为"线条大师"的艺术发展历程。

从传世的褚遂良书法作品来看，"线条大师"的称号名不虚传。他的字给人纤细秀逸之感，但细品又会发现再纤细的线条都蕴含着遒劲的笔力，哪怕细若游丝依然劲挺而不柔弱，姿态婉媚却不入俗。难怪连书评家张怀瓘都要称赞褚遂良得王右军之媚趣，有如"美人婵娟，不任罗绮，增华绰约，欧虞谢之"。

褚遂良的书法，字体结构看似奔放，却能达到巧妙的调和。他善于将审美趣味呈现于线条中，体现出一种潇散恬淡的真性情。褚遂良的书法线条似乎可以像琴弦一样产生振动的感觉，就好像古人所说的"此时无声胜有声"，虽然没有声音，却能营造出一种全新的艺术境界。

此外，褚遂良的书法作品之所以能达到很高的水平，还得益于他的笔法多变。他总是能够根据书写的内容而量身定制，直白点说就是让笔法符合碑文主人的身份。贞观十二年，有位九十七岁的女道士去世了，这在那个年代绝对是超级长寿了。此人就是著名的孟法师孟静素（542—638）。孟法师是江夏安陆（今湖北安陆）人，自幼喜道，终身未嫁。应隋文帝诏请而居住在京师的至德观担任住持，历经两朝直至去世，颇受世人敬重。为纪念孟法师，褚遂良与岑文本二度合作，再创一件艺术精品。

贞观十六年（642），他以楷书完成了著名的《孟法师碑》（全称《京师至德观主孟法师碑》，又名《至德观主孟静素碑》）的书写。可惜此碑现已遗失，仅有清代李宗瀚藏唐拓本传世。

此碑也是褚遂良的早期代表作，仅晚《伊阙佛龛碑》一年，体势虽方峻，但不像《伊阙佛龛碑》那样方正平整，笔画也渐有圆势的表现。两者气息境界大有不同，《孟法师碑》除仍存晋隋韵致之风外，也融入了汉魏隶法以及欧、虞的风格，整件作品显得端庄典雅而富有古意，整体给人以温婉雅静、宽舒安详之感；又如得道之士，具超尘拔俗之姿，与碑文主人身份极为契合。

褚遂良的作品之所以给人以从容平和之感，和他在反对武则天封后之前一直生活在优游不迫的环境之中有关。据《新唐书》卷一九八《欧阳询传》记载，一日，褚遂良问虞世南："我的书法和智永禅师比怎么样？"著名书法家智果、辩才、虞世南等均是智永禅师的高足。虞世南回答说："我听说他的字一个字值五万钱，你的字难道也值这么多吗？"褚遂良又问："和欧阳询相比，我的字怎么样？"虞世南回答道："听说欧阳询写字不挑剔纸和笔，无论用什么样的纸和笔都能写出满意的字来，你能够这样吗？"褚遂良听完有些沮丧地说："既然如此，我还下这么大功夫学它干嘛？"虞世南安慰说："假如你拿到合适的纸笔，写出的字也是相当不错的。"褚遂良听后知道自己还有进步的希望，这才高兴地走了。

故事真假且不论，但从中可以窥见他的"野心"，他拿自己和前辈相比，更显得他求上进、有追求。不过褚遂良对纸笔倒真是极为讲究的，《旧唐书》卷八四《裴行俭传》称，行俭尝谓人曰："褚遂良非精良佳墨，未尝辄书。不择笔墨而妍捷者，唯余及虞世南耳。"也许褚遂良正是对纸笔过于讲究，生怕浪费，反倒不敢随意落笔。综观褚遂良传世的作品，没有一件不是精品，他的书法没有一点铺张，一切都是那么单纯、自然，自成一体。

晚年的褚遂良，书风飘逸自然，字形上随遇而安，显得大气从容。清朝书法家梁巘在其《评书帖》中评价褚书“提笔‘空’，运笔‘灵’。瘦硬清挺，自是绝品”，其实这与他早年的书法作品还是有很大区别的。只可惜他的作品经过岁月的变迁，存世的极为稀少，且多为碑文，可见的也多是拓本、影印本等书帖，不免让人唏嘘。

至于最能体现褚遂良“线条大师”之名的作品，当然是那篇成熟时期的代表作，同时也是最无真伪争议的《雁塔圣教序》（亦称《慈恩寺圣教序》）。此碑有两块，共 1463 字，分别镶嵌在西安慈恩寺内的大雁塔底层南墙门洞两侧的两个砖龛之中。位于西侧的序碑，全称《大唐三藏圣教序》，是唐太宗李世民撰写，由右而左书写；另一块为序记碑，全称《大唐皇帝述三藏圣教序记》，是唐高宗李治撰写，由左而右书写，内容是表彰玄奘法师去印度取经的经历，就是大家熟悉的《西游记》中唐僧取经的故事蓝本。玄奘经过艰难跋涉，往返花了十七年才取得佛教典籍。他回到长安后，又虔诚地翻译佛教三藏要籍，为佛教的普及作出重大贡献。两位皇帝先后为此事撰文，且均由褚遂良书写，可见褚遂良的政治地位和书法水平。

作为体现“线条之美”的典型作品，《雁塔圣教序》的字体不同于一般楷书长方结构，有明显的上紧下松、左密右疏的结构特点。字形扁平，强调律动的线条所呈现出的华美风韵。一提一按间带出线条明快的节奏韵律，轻巧灵动，像是流淌的乐曲，又如洒脱的舞蹈，洋溢着

大唐三藏聖
教序
太宗文皇帝
製
蓋聞二儀有
象顯覆載以
含生四時無
形潛寒暑以

化物是以窺
天鑒地庸愚
皆識其端明
陰洞陽賢哲
罕窮其數然
而天地苞乎
陰陽而易識
者以其有象

也陰陽處乎
天地而難窮
者以其無形
故知象顯
可徵雖愚不
惑形潛莫覩
在智猶迷況
乎佛道崇虛

〔唐〕褚遂良《雁塔圣教序》（局部）

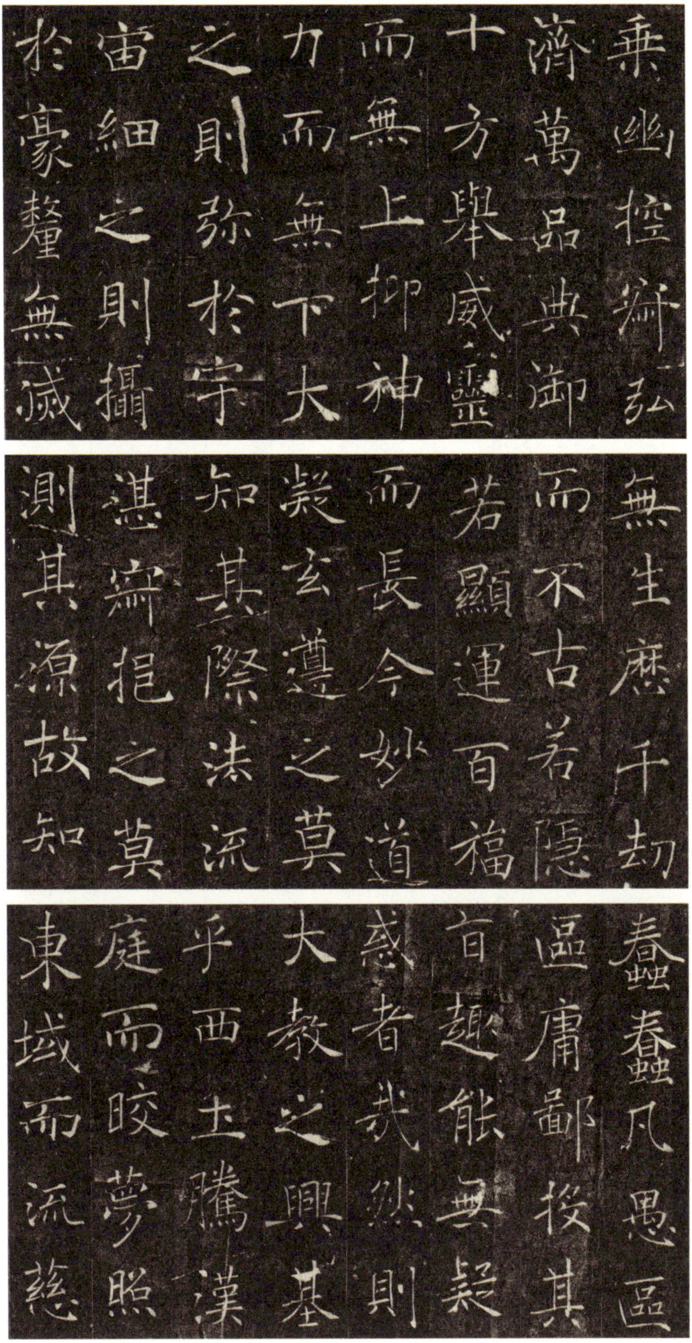

乘幽控寂弘
濟萬品典御
十方舉威靈
而無上抑神
力而無下大
之則彌於宇
宙細之則攝
於豪釐無滅

無生歷千劫
而不古若隱
若顯運百福
而長今妙道
凝玄遵之莫
知其際法流
湛寂挹之莫
測其源故知

蠢蠢凡愚區
區庸鄙投其
旨趣能無疑
惑者哉然則
大教之興基
乎西土騰漢
庭而皎夢照
東域而流慈

飞动之美。通过这篇碑文可以说，褚遂良以富有音乐性及舞蹈性的书写，开创出了自己的风格。

对于此碑，后世多有褒扬。擅长书法的古籍版本专家杨震方先生在《碑帖叙录》中赞道："此碑一出，褚书成为一时风尚；字体瘦劲而时兼行草，间用分隶，具有丰神。"清末民初书法艺术家杨守敬在《学书迩言》中称："褚河南《雁塔圣教序》，昔人称其如烟袅晴空，最善形状。"《雁塔圣教序》对褚遂良来说，是其书法艺术成熟期的香甜果实。褚遂良把虞、欧之法融为一体，在气韵上直追王羲之，但用笔、结字、圆润瘦劲之处却是自家技法。他在字的结构上改变了虞、欧的长形字，创造了看似纤瘦，实则劲秀饱满的字体。其字体结构奔放优雅，在细致中见雄大，遒美瘦劲、超妙清俊的格调均在此展露无遗。因而《雁塔圣教序》在其一生所写的作品中也属于登峰造极的旷世杰作。

好的书法作品，更像是一幅精美的画作，运笔舒畅，线条优美，布局自然。褚遂良晚年的书法既师从各路名家，又集各家所长，创造出独一无二的"褚体"，达到极为高超的境界。别人写字，线条与笔法是为塑造字形服务的，褚遂良则是刻意处理每一处笔画、每一根线条、每一个点与转折……他的书法脱离了形体的独立意义，使点线变为一种抽象的美，也是"形式大于内容"之美学理念的最好体现。经由欧阳询等人建立起来的严谨的楷书结构，在褚遂良的笔下已经开始松动。他灵活地运用结构的疏密、用笔的疾缓来表现不羁的情感。倘若我们把欧阳询推举为"结构大师"的话，褚遂良就是当之无愧的"线条大师"。他的线条充满生命，将自己的生命意识也融入结构之中，这明显体现了中国艺术美学中一个重要的审美范畴：流动乃至飞动之美。

褚遂良的传世书法作品还有一件是《司马迁妾随清娱墓志》，全名为《古汉太史司马公侍妾随清娱墓志铭》，然文拙书工，据专家考证为伪作，估计是一位善于模仿褚遂良的人的作品。不过围绕着司马迁的小妾随清娱，民间倒是流传着一则和褚遂良有关的故事。

当年司马迁为了收集写史的材料开始游历全国。有一次他乘船过河，摆渡人是一对父女。渡河途中艄公与司马迁搭话，司马迁见着艄公眼熟，就随口一问，没想到之前还真就偶然见过一面，两人很高兴就聊开了。说着说着，艄公突然问道："不知道司马公子成亲没有？"司马迁之前已经成亲，而且有了一个女儿，听了艄公的问话，没有隐瞒就实话实说了。艄公说："成亲了也好，公子你看我只有这么一个女儿，将来我若是去了也不知道会被谁欺负。前些天就有官府公子硬要将她抢走。若是公子不嫌弃，将小女纳进门当个侍妾可好？"

那艄公的闺女，姓随名清娱，不仅容貌出色，唱起歌来更是动人。司马迁想了一下表示同意，于是请人做媒，在船上就纳了十七岁的随清娱为妾。婚后两人十分幸福，司马迁漫游各地，都是随清娱陪在身旁。后来两人来到华阴同州，司马迁受到汉武帝传召，要马上赶赴京城，随清娱不便前往就留在了同州。回京后司马迁因为帮李陵求情受了腐刑，此后专注写作《史记》，几年之后去世。随清娱听到这个消息后也因悲伤过度了去世。

唐永徽二年（651），褚遂良路过同州，晚上半梦半醒间，看见一美貌女子向自己行礼，哭诉说自己是司马迁的侍妾，姓随名清娱，年十七事迁，同游名山大川。司马迁去世后，天帝可怜她未尽天年，即命她为当地的土地神。今天知道褚遂良到这里，想求他为自己写一篇墓志铭，以传流后世。褚遂良醒来之后，回忆起这个梦境，叹息道："嗟尔淑女，不世之姿。事彼君子，弗终厥志。百千亿年，血食于斯。"他被这个可怜的女子身世所打动，后来当真为她立了一块碑，称为"梦碑"。

总之，唐太宗晚年时期是褚遂良的黄金时代。他不光官运亨通，书法技艺更是炉火纯青。然而，一个人飞黄腾达之时，可能也意味着劫难已经不远。唐太宗病危时，召见长孙无忌与褚遂良说："卿等忠烈，简在朕心。昔汉武寄霍光，刘备托葛亮。朕之后事，一以委卿。太子仁孝，卿之所悉，必须尽诚辅佐，永保宗社。"然后又对太子李治说："有长孙无忌和褚遂良在，我就放心了。"后来李治继位，是为唐高宗。彼时褚遂良一直做到尚书右仆射的位置，在仕途上算是达到了巅峰。

不过，他的噩运很快降临了。公元 655 年，唐高宗想改立武昭仪（也就是武则天）做皇后，遭到满朝文武的极力反对。作为托孤大臣之一的长孙无忌和其他文武的想去劝劝皇帝，都被褚遂良拦住。他知道这是一件极为有风险的事情，不但可能触怒高宗，更会得罪那位武昭仪。但作为大臣，必须有人挺身而出。褚遂良说："我出自布衣，没立过一点功勋，只是受到太宗宠遇才有了今天。现在正是我报答恩情的时候，各位就让我去吧！"结果我们已经知道，劝诫没有任何作用。

不久武则天被册封为皇后，褚遂良则被赶出朝廷，外放桂州。两年后，武则天又指使人诬陷褚遂良参与谋反，将他贬到现今的越南河内。褚遂良在蛮夷之地生活得极为艰苦，就给唐高宗写信诉说，想要点秦岭一带的土蜂蜜，却没有得到一点回音。公元 658 年，褚遂良病死在流放地，终年六十三岁。但武则天依然难解心头之恨，不仅流放了褚遂良的家人，据说还杀了他的两个儿子。如此说来，武则天临终时说要为褚遂良平反的忏悔之言有多少是出自真心的，也很难说了。

不过，后人会永远记得褚遂良。那位年少家贫的颜真卿，最初练习书法学的便是褚遂良。而他的书法风格和人格，也像极了褚遂良刚正不阿的性格，因此如果只用一句话来概括褚遂良，那就是——他是值得后人敬仰的真正的书法家！

第二章

"书乱二王"
——理论大家孙过庭

（左侧竖排）

长风吹送书画船

HANG

ZHOU

一、一"卷"成名

吹过宣纸的在这小小的一方天地里不肯离去，试图去理解那些白纸上的一笔一画，生怕错过了什么。突然，眼前多了一个人。那人穿着绣有暗花的细麻布制成的圆领袍衫，眼睛盯着那些黑色的线条，一只手握着毛笔，另一只手不自觉地抚摸着自己的胡须，头轻微摆动着，黝黑的脸上看不出神情，但眼里的光芒出卖了他此刻的心情。

终于，那只手放下了紧握的毛笔，深深地呼了一口气。双手揉搓一番，以缓解手指长时间劳作的酸痛。抬头，天已被建筑分割，连鸟儿都不曾来打扰这里的宁静。低头，看看眼前的这份试卷，尽力了。可有哪一次没尽力呢？唉！自己年纪也不小了，何时能脱离这方小小的天地，走上仕途，施展心中抱负，成就一番功业呢？最终，他似乎下定了决心，提笔落款。

这份试卷引起了主考官的注意，出众的文采配上秀美的书法，飘逸灵动，一气呵成。碰巧主考官也爱好书法，一看这位考生的字体竟然酷似王羲之，更加爱不释手，于是认为他是"孝廉茂才，好学异能卓荦之士"，不但让他上榜中举，更是将这份试卷呈报给地方长官，结果就这么一级级地呈到了唐太宗的面前。

唐太宗也是个痴迷书法之人，尤其喜爱王羲之，看到这张试卷，大加赞赏，称其"书乱二王"。唐太宗自己也是模仿王羲之书法的高手，能入他眼的"仿作"不多，所以这可是极高的赞誉。那么，这张试卷的主人是谁呢？他就是吴郡富阳（今杭州富阳）人孙过庭。

孙过庭，名虔礼，字过庭，以字行，是唐代著名的书法家、书法理论家。他擅长楷、行、草诸体，尤以草书著名。

孙过庭自幼家境贫寒，却不甘心屈从命运。他自小便胸怀大志，博雅好古，读书写字也颇具天分。孙过庭对书法特别感兴趣，十五岁时便开始潜心学习和研究书法，历经寒冬酷暑二十载，终于自学成才。唐朝会书法的人很多，再加上没有什么背景和靠山，所以孙过庭的书法一开始并未闯出什么太大的名堂。直到他的书法作品得到唐太宗的赞赏，大家才开始关注到这个人。虽然孙过庭也通过科举走上了仕途，却远没有他的前辈褚遂良这般顺遂。他不仅没有凭借书法技艺平步青云，甚至可以说是命途多舛。

孙过庭步入仕途后只能按部就班地升迁，担任过右卫胄参军等职，可一直到了四十岁才做到率府录事参军这样的小官。都说"九品芝麻官"，而唐朝的参军一般为七品或者八品，也有低至从九品下的。孙过庭很珍惜自己得来不易的仕途，毕竟回家也没啥家业可以继承。他一直小心翼翼地工作，工作之余就研习书法，日子也算惬意。

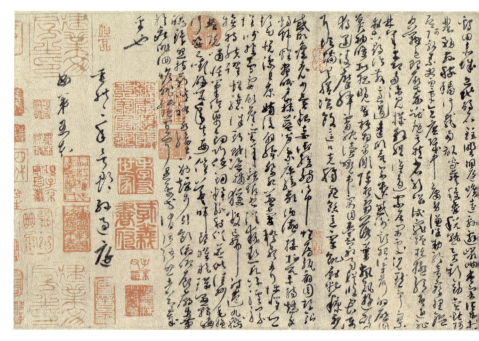

〔唐〕孙过庭《千字文》

可就是这样的末流小官，孙过庭也没能保住。是他没从政能力吗？好像也不是。但他确实有点不合群，史料说他操守高洁、恪守本分、与世无争，这样的性格倒真有点像一般大众对艺术家的认知。他是谦谦君子，遇到小人自然有理说不清。他想认真做事，可现实不允许，在官场上过得也不顺，几年后又遭人谗议，被免了职。他自此对仕途心灰意冷，萌生退意。但孙过庭没有选择回老家，而是客居在洛阳。他没有万贯家财，只能靠特长谋生——以教授书法为业。

那些年，孙过庭一边教授书法，一边潜心研习书法、撰写书论。虽然有了强大的精神支柱，但他终究没能躲过贫病的侵扰，暴卒于洛阳植业里之客舍。这样一位书法大家却如此贫苦，而且还客死他乡，没能落叶归根，让人忍不住要喊一句"呜呼哀哉"！

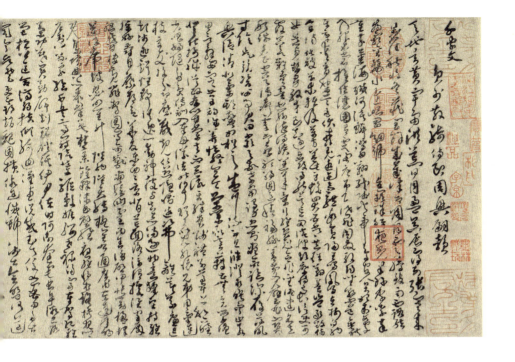

好友们对他的离世很是惋惜，大诗人陈子昂不仅写了《祭率府孙录事文》进行追悼，还为他作《率府录事孙君墓志铭》，里面这样写道："埏厄贫病，契阔良时，养心恬然，不染物累。独考生命之理，庶几天人之际。"不仅对孙过庭的人品高度赞许，还说他的书法"元常（钟繇）既没，墨妙不传，君之逸翰，旷代同仙"。从这几句评价可以看出陈子昂对孙过庭的书法极为推崇，甚至将之比作三国时的书法大家钟繇。

唐朝是一个气势恢宏、繁荣昌盛的时代，在这样开放的文化氛围下孕育出的书法艺术也是一片繁荣，大师、名家辈出，人人竞胜，皆以自出新意为荣，以随人作嫁为耻。唐代开科取士，书法为其中的必修课之一。唐代书法是法与意相互交融，以法为主的艺术，这无形之中就给孙过庭提供了大显身手的机会。也许孙过庭继续为官，最后也不过是一个小官，哪怕是一个清官，在史书上估计也很难留下一笔。但他被迫早早离开官场，得以有大量的时间进行书法方面的研习，专心书道。他以祖述先贤、规范来者为己任，虽未大富大贵，却也青史留名。从中国书法理论史、批评史来讲，孙过庭的出现无疑是一道闪耀的光。真是塞翁失马，焉知非福。

二、名篇《书谱》

唐垂拱三年（687）的某天傍晚，夕阳西下，洛阳的街头也收起白日的繁忙，教授完一日书法的孙过庭终于放下手中的笔，伸了伸劳累的腰肢。客居他乡，没有家人在旁，只有几位好友偶尔相约，此刻的他是孤独的。那么努力读书考功名，命运怎么就如此不济呢？但回想过往的种种，他没有后悔。眼下虽然穷苦，但粗茶淡饭养心。他遵从自己的本心，没有阿谀奉承，这是他一直保有的气节。想到这里，腰不自觉地挺得更直了。但又想到下个月的房租，他忍不住叹了口气。夕阳也在他的叹息中开始亲吻地平线，直至消失在它的怀抱。

夜幕降临，蜡烛作为高价之物，孙过庭自然是舍不得点的。凭借着月光，他的手不自觉地在字帖上画着，其实这些字早已烂熟于心。漫漫长夜，无心睡眠，一个想法在他的脑海慢慢滋长，点燃了沉静的心。他只盼着太阳能早些照亮这间简陋的房屋。过了很久，他在铺开的宣纸上，认真写下了"书谱"二字。

在这个时代，书法家真的是不缺，但专门进行理论研究的书法家却不常见，理论和书法技艺都出色的就更少了。孙过庭的书法水平也许在他所生活的时代不是出类拔萃的，但他另辟蹊径会如何呢？要说他没有成名成家的想法，其实也不见得，但不能说他是为成名而去写《书谱》的。因为《书谱》的撰写，发自他的本心，源自他对书法的热爱。

孙过庭早年就对书法理论很有研究，在一个行业做久了，累积了大量经验之后，都是往"专家"方向走的。只是别的书法家是"专"在书法技艺上，孙过庭则还有理论。最关键的是，他在查阅资料的时候，发现前人写的论文要么不全面，要么就是重复别人的话，他想改变这种现象，同时将自己多年的研究融入其中。这一点初衷，孙过庭也认真写在《书谱》里了："自汉魏已来，论书者多矣，妍蚩杂糅，条目纠纷。或重述旧章，了不殊于既往；或苟兴新说，竟无益于将来；徒使繁者弥繁，阙者仍阙。"意思是自汉唐以来的论书者"多涉浮华，莫不外状其形，内迷其理"，其实没有真正弄懂内在的东西，而他要做的工作就是梳理。再加上他潇洒的草书和独到的见解，这本被誉为中国书法批评史上继东汉赵壹的书论名篇《非草书》之后又一个里程碑的《书谱》便应运而生了。

做学问这回事，要想有所成绩，必须要耐得住寂寞。孙过庭忘却了现实的不幸，无数个日日夜夜里，他完全沉浸在这样一份书写的乐趣里。除了为了维持自己的生计教授书法外，孙过庭把全部精力都投入到《书谱》的创作中。《书谱》全书 3000 余字，完全以草书写就。关键是，这本书不是纯粹地写字，而是在进行理论创作，在那个没有搜索软件的年代里，他所有的资料都是靠一点点阅读积累而来。要不是他早早离开官场，可能还真没时间做这些。他的物质条件虽不怎么样，精神世界倒是很富足的。

时间在指缝中一点点流逝，沉浸在创作中的孙过庭暂时忘却了故乡，忘却了生活的贫瘠，忘却了仕途的不

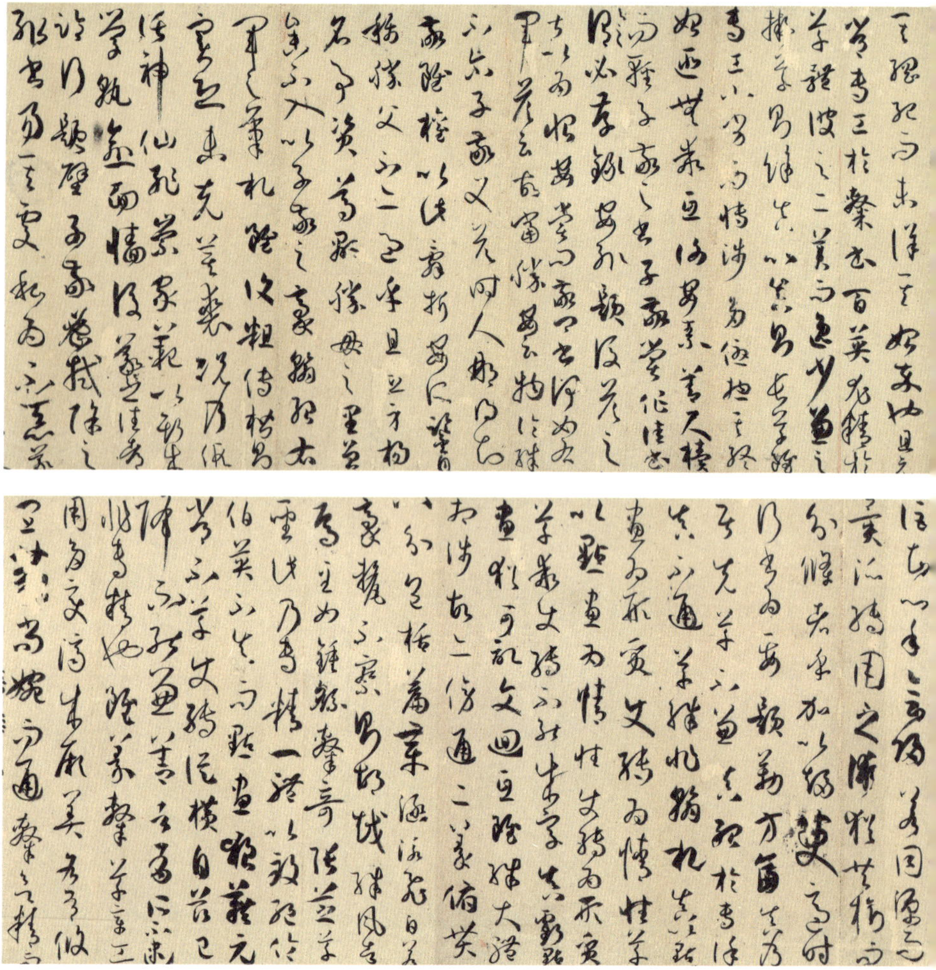

〔唐〕孙过庭《书谱》（局部）

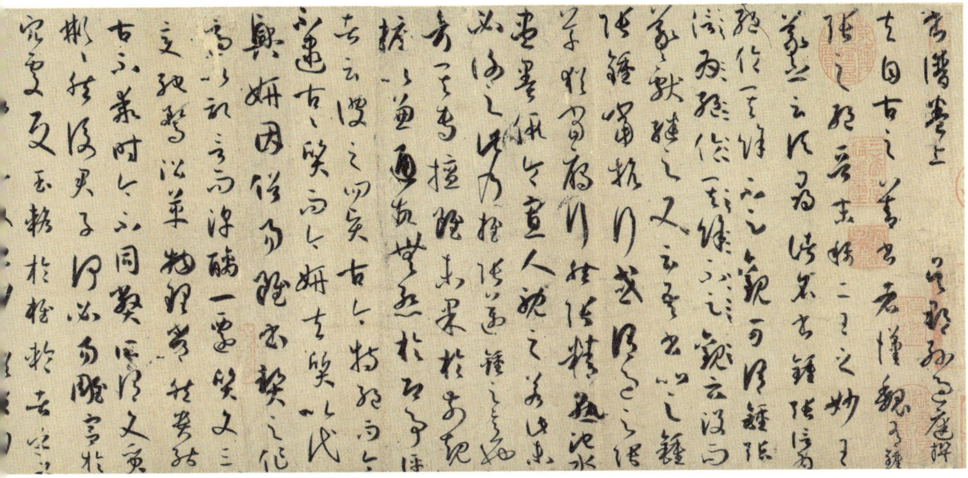

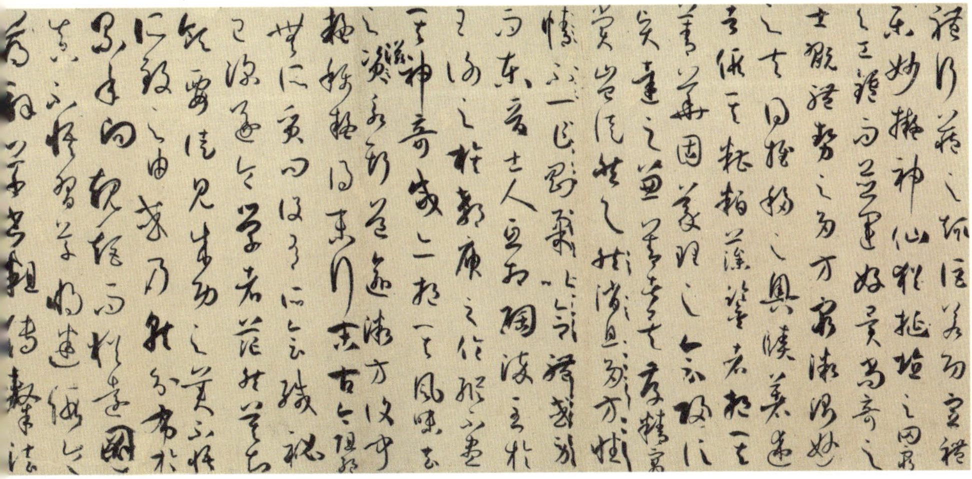

顺……他的身体状况也在这样的日子中每况愈下，但是他始终不肯停下。他要将自己在书法上的研究与毕生的实践经验都写下来，内容方面还要尽量全面丰富，要涉及书法理论的方方面面，如史学、美学、创作、技法、教育、批评学、考证学等。孙过庭对从古至唐的书法品评、书法作品、书法理论进行了一次大总结，提取精华，摒弃糟粕，而且他不是单单总结过去，还提出了自己对书法的独到见解。

孙过庭轻轻地放下了手中的笔，剧烈的咳嗽声在提醒他身体的状况，他掩着嘴，生怕破坏了眼前的美好。看着面前的这篇既可以说是散文又可以说是评论的文章，他知道，他完成了自己的愿望。这是他的心血之作，他希望自己的观点能为更多人认同，为书法的传承贡献一份力量。

事实证明，他做到了。《书谱》是论述书法艺术极其出色的论文，是一篇承上启下的巨著，是一部书法理论的史诗。

孙过庭的《书谱》旨在建立一种古典的秩序，一种在儒家"以和为美"的审美原则管辖下的书法秩序。他在书法的研究立场与目标上，提出了较为精辟的观点。在《书谱》之后的几个朝代，尽管在书法理论上取得了众多成果，但它们大多只是将书法理论的某一方面趋向精细，基本上都没有超出《书谱》所划定的研究范围，其研究的内容和方法，甚至许多观点都未超出《书谱》。

孙过庭在《书谱》中提出了他著名的书法观——"古不乖时，今不同弊"，意思就是说学习古人但不违背时代精神，与时俱进又不合流弊，要有所创新。这一观点奠定了书法美学理论的基础。他还提出篆书要写得委婉而通畅，隶书要写得精刻而绵密，草书可贵的是写得流利而舒畅，章草一定要写得简约便捷。在此基础上使其具有英武潇洒的风采神韵，温润明丽的情致，再加上些枯硬劲健的骨气，调和进来闲适幽雅，以此表达书写者的情性，抒发书写者的喜怒哀乐。

如果没有这本书，也许孙过庭早已被淹没在了历史的长河中。这本书不仅让他的理论占据着中国书法史的重要地位，也让他的墨迹成为典范，成为历代传颂的书法名作精品。但，任何的赞誉都是他应得的，因为全文3000余字，他没有一笔偷懒。

孙过庭将"达其性情、形其哀乐"作为书法的最高主旨，一生最为推崇的便是王羲之、王献之父子以及钟繇、张芝四人，而他的书法造诣颇得二王的精髓。汉字结体空旷圆密而姿态横生，其章法参差错落而自然天成。细看《书谱》的用笔特点，真如唐代吕总所言是"丹崖绝壑"，笔势坚劲，兼融飘逸与沉着、婀娜与刚健的不同艺术特点，在流畅婉转中极富变化，做到质、妍的统一。其笔端或轻如蝉翼，或重若崩云，刚中显柔，柔中寓刚，飞动轻继，气脉贯通，变化无穷。最具特点的是横画、长点捺，先顿笔重按，后顺笔出锋，使一笔中陡然出现两种变化，神采顿生。正如孙过庭自己所言："一画之间，变起伏于锋杪；一点之内，殊衄挫于毫芒。"

书法极具造诣的宋高宗评价"此谱妙备书法"。书法家米芾在《书史》中称："孙过庭草书《书谱》甚有右军法，作字落脚近前而直……凡唐草得二王法，无出其右。"清人刘熙载也曾精彩地总结过孙过庭《书谱》的艺术特色："用笔破而愈完，纷而愈治；飘逸愈沉着，婀娜愈刚健。"自《书谱》面世以来，博得了众多书家的赞誉和推崇，其中以清人孙承泽说得最为公允："唐初诸人无一人不摹右军，然皆有蹊径可寻。独孙虔礼之《书谱》，天真潇洒，掉臂独行，无意求合而无不宛合，此有唐第一妙腕。"

《书谱》真迹流传至宋时，依旧完整保存着上、下卷，当时收藏在宋内府，上面还钤有"宣和""政和"以及宋徽宗的题签。但后来下卷不知道怎么就失踪了，只余上卷传世，被称之为《书谱序》。此卷内容分为溯源流、辨书体、评名迹、述笔法、诫学者、伤知音六部分，论述内容文思缜密，言简意深，在古代书法理论史上占有重要地位。其中的许多论点，如学书三阶段、创作中的五乖五合等，至今仍对人们学习和创作书法有借鉴意义。不过，要想看懂《书谱》里面的内容，可不仅仅是看得懂书法字体这么简单，如果没有点扎实的古文功底，估计抱本字典都得查上几天。

此卷后来流落民间，现为台北故宫博物院馆藏作品，俗称真迹本《书谱》，而北京故宫博物院亦留有宋拓《书谱》上卷残本。宋朝时的拓印技艺已经相当高超，所以此宋拓本摹刻精良、行气流畅，而且它还补上了墨迹本首行至第二行缺失的 17 个字。

在中国书画历史上，有的人以作品出名，有的人以理论评价出名，孙过庭则兼而有之。时至今日，《书谱》仍然在中国书画史上占有重要地位。

第三章

以墨画竹，郁郁葱葱
——墨竹大家萧悦

一、依依惜别

西湖边，风殷勤地撩起这位白衣男子的衣袖，仿佛是不忍他的离去。而他又何曾舍得离开他从小立志做官的地方呢！他要在走之前再看一眼这片他热爱的山水。这些年，他的足迹已经遍布了这里的各个角落，也为这座"天堂"留下了他最真挚的诗句——最爱湖东行不足，绿杨阴里白沙堤。他，对这片土地爱的深沉。

"乐天兄！乐天兄！"一个声音打断了白居易的离愁别绪。一位老者正从如画的风景中向自己走来，看身形便知是谁。唐穆宗长庆二年（822），白居易调任杭州刺史，便与这老者在某次文学聚会上一见如故，而后相识相知多年。白居易忍不住迎上前去，抱拳拱礼，一句"萧悦兄"蕴含了多少不舍。往事一幕幕上演。

公元 822 年，白居易怀着满腔的热情来到杭州为官。此时的他绝对想不到，在千年之后的杭州，会有一条被误认为是他修筑而以他名字命名的堤坝——白堤。那座著名的断桥便是位于白堤之上，经过诸如明代文学家冯梦龙的《警世通言》和中国四大民间爱情传说之一的《白蛇传》的大力宣传，这座断桥真称得上是终年游人如织，每逢节假日更是被游人挤得水泄不通。

春风一吹，杨柳飘飘，桃花摇曳。松鼠跳跃于树间，鸳鸯在湖中嬉戏，好不快活。遇到天气好的时候，各色的风筝与鸟儿一起畅游在蓝天白云间，分不清哪个是纸鸢，哪个又是真禽。这是西湖的春日。到了夏日，桃花离去，换上"别样红"的荷花，靠着"无穷碧"的映衬显得更加娇贵。秋风起，红枫为西湖添上醉人的秋色。冬日的残雪是多少人梦寐以求的景致，残荷、雪景，将夏与冬再度衔接。白堤四季似乎从来不缺景，当然，也从来不缺游人。

在杭州的这三年里，白居易初心不改，在为杭州留下大量诗作名篇之外，也秉持自己为官的初心，在这片心之向往的土地上真正做到了为官一任造福一方。他兴修水利，组织民工蓄积湖水、保护堤防，做到湖、河、田畅通无阻；还重新对李泌在杭州修建的六井进行疏浚，给杭州的居民用水带来很大的便利。他在西湖边也确实修建过一条堤，却不是人们今天见到的这条白堤，位置大约在钱塘门到昭庆寺（今少年宫）再到白堤东端。不过，那条堤因为年代久远，早已荒废，踪迹难寻。现在的白堤，实际上是白沙堤（沙堤），全长约 1 千米，东起断桥，经锦带桥止于平湖秋月，连接起少年宫和孤山。白沙堤早在唐朝以前就已存在，但究竟是谁修筑的却无从考证。

白居易无数次沉醉在西湖的景致中，除了美景之外，他最不舍的就是友人，这位赶来送别的墨竹大家萧悦便是其中之一。萧悦是在白居易任杭州刺史时来此地居住并进行创作的。两个外来人在他乡相遇，又志趣相投，几番交往之后，便惺惺相惜成为好友。萧悦最擅长的就是画竹，如今人们大都知道郑板桥善于画竹，却不知这位才是真正"画竹界"的老前辈。

萧悦的眼里满是不舍，两人并肩行走在西湖边，希望时间可以过得慢一点。两人约定，不管将来身在何方，也要时常保持联系。所以白居易离杭后，一封封书信飞抵杭州，我们也从这些存留不多的文字中体会到两人深厚的友情。

萧悦对白居易是充满感激之情的。他当时在朝廷担任的官职仅是太常寺中正八品的一个末流小官，负责组织祭祀和节庆仪式时演奏乐曲的协律郎，许多人便根据官职称他为"萧协律"，是没啥实权的闲职。没钱没权，也没啥朋友，日子过得并不如意。萧悦离乡背井来到此处，语言不通，未能融入当地的文人圈，也有些郁郁不得志。仕途上他早已不抱奢望，但求一份工作安身立命。

直到白居易到来，那时萧悦已经六十多岁了，白居易则刚过五十。就官职而言，白居易作为杭州刺史最低也是五品官员，而萧悦不过是比"七品芝麻官"还要低的八品，但两人第一次见面就极为投缘。当然，两人能成为至交好友很重要的一点是白居易也特别喜欢竹，还写过《新栽竹》《东楼竹》《玩松竹二首》《竹楼宿》《洗竹》等多首和竹有关的诗歌。在南方，竹子随处可见，白居易在杭州的居所也是绿竹林立。

在这几年里，白居易时常组织文学采风活动，邀请自己的朋友踏青、游湖、赏花、喝茶……游玩之余即兴创作几首诗，画上几幅画，好不惬意！萧悦作为白居易的好友自然也是座上宾，也时常借此纵情山水、抒发情怀。

二、君为诗人余作画

从绘画史角度看，那些研究者真的要感谢白居易，他不但为杭州写了那么多诗，而且这些诗会成为一段艺术史的考证，对此估计他自己无论如何也不会想到吧！萧悦在历史上的所有资料几乎都来源于白居易的文字记载。例如白居易在游览杭州恩德寺所作诗歌的诗序中就有这样的文字："予以长庆二年冬十月到杭州，明年秋九月，始与范阳卢贾、汝南周元范、兰陵萧悦、清河崔求、冬莱刘方舆同游恩德寺之泉洞竹石。"

萧悦官阶较低，工资也比较少，生活过得有些清贫。白居易就曾在《醉后狂言酬赠萧殷二协律》中写道："余杭邑客多羁贫，其间甚者萧与殷。天寒身上犹衣葛，日高甑中未拂尘。"尽管萧悦生活窘迫，但在白居易这位好朋友的面前也没有表现出自卑的情感，两人交往颇为愉悦。按照两人的交情，白居易应该从经济上帮助过萧悦，不过至今还没有看到这方面的史料，只能说"应该有"。不过，白居易倒真是萧悦的知音，不仅称其所绘之竹"举世无伦，颇自秘重"，而且格外推崇萧悦的为人。其中很受白居易推崇的一点便是萧悦不为五斗米折腰的气节，似乎这才是文人眼中真正的"竹"。

萧悦这人，按照现在的说法是有点清高的。不知是不善于亦或是不屑于经营，明明有机会挣钱，甚至是赚很多钱，他却甘于清贫。作为当时行业内最有名的画竹专家，萧悦的墨竹水平在当时的画家中首屈一指。平时没什么事要忙，他就躲在自己的屋子里画竹子，完全沉浸在自己的小世界里，时不时捋一捋自己花白的胡子，眼里透出满足，精神世界的富足与较为窘迫的生活环境形成鲜明的对比。

一开始，他的画属于酒香，但奈何巷子太深，可能没有人愿意千金求取。后来，随着好友们带来的名人效应，广告越做越大。据说萧悦的墨竹作品，但凡经名人题品，便身价倍增，其中尤以白居易的题诗效果最佳。萧悦的画本来就是精品，又题写上白居易的诗，可谓强强联手。所以说萧悦的墨竹在当时之所以一画难求，被时人奉为名作，除了的确画得好和不轻易赠人以外，白居易的真心推崇也是功不可没的。

萧悦的画与白居易的诗相得益彰，正所谓"君为诗人余作画，千金难买是知音"。除此之外，白居易还专门写了《画竹歌》等诗作，赞美萧悦所画墨竹的优美，更称赞他忠于艺术创作所取得的成就。这些都让萧悦的画被世人熟知。

萧悦盛名在外之后，上门求画的人络绎不绝，他要是肯卖几幅画，肯定会有不菲的收入。但这人比较固执，极度珍视自己的作品，觉得银两会玷污了竹子的高洁。有些人甚至几次上门求画，按照常理一般人可能都不好意思拒绝了，但萧悦始终不改口，经常让求画之人吃闭门羹。而且他这么做还真不是为了奇货可居，炒高价格卖画，而是真的珍惜自己的劳动成果，宁愿守着陋室，也不愿意将画换成钱。

萧悦画竹，不但不售卖，而且还不轻易送人。当然，萧悦并不是小器，因为他只送给真正的知己。比如，他遇到白居易这样志同道合的好友时，态度就完全不一样了。

一日，闲来无事的白居易，正在住所津津有味地观赏屋边郁郁葱葱的竹林，忽有下人来报说有人登门送礼，白居易问是什么礼物，下人回复说是一个叫萧悦的送了一幅画。白居易闻言不禁大喜，连忙说快快让客人进来，下人却说来人把东西放下就走了。白居易知道好友的性格，摇摇头，摆手让下人下去。

风留恋在竹林间不肯离去，似乎也想去看看白居易手中的这幅画。白居易展开画卷，发现上面画着两簇共十五枝挺拔的墨竹，每一枝都看得出是精心之作。白居易又惊又喜，爱不释手，他知道这是萧悦在答谢自己平日对他的关心照顾，内心也十分欣慰。他越看越喜欢，情不自禁地拿起笔来，欣然作诗一首，这就是著名的《画竹歌》：

> 植物之中竹难写，古今虽画无似者。
> 萧郎下笔独逼真，丹青以来唯一人。
> 人画竹身肥拥肿，萧画茎瘦节节竦。
> 人画竹梢死赢垂，萧画枝活叶叶动。
> 不根而生从意生，不笋而成由笔成。
> 野塘水边碕岸侧，森森两丛十五茎。
> 婵娟不失筠粉态，萧飒尽得风烟情。
> 举头忽看不似画，侧耳静听疑有声。
> 西丛七茎劲而健，省向天竺寺前石上见。
> 东丛八茎疏且寒，忆曾湘妃庙里雨中看。
> 幽姿远思少人别，与君相顾空长叹。
> 萧郎萧郎老可惜，手颤眼昏头雪色。
> 自言便是绝笔时，从今此竹尤难得。

白居易还在《画竹歌》序中对萧悦大加赞赏，认为植物之中最难画的便是竹子，萧悦下笔则极为逼真，"不根而生从意生，不笋而成由笔成"，画竹之前心中早有竹，可见其对竹的了解。还说他墨竹画得生机勃勃，"举头忽看不似画，侧耳静听疑有声"，达到以假乱真的程度，使人看了如同置身于竹林之中。

我们如今真的要感谢白居易留下的这份珍贵的历史资料，对于萧悦而言，也应该会对白居易的欣赏心存感激。毕竟白居易是大诗人，他的一首《画竹歌》广泛流传，对萧悦的墨竹推崇备至，不仅在当时，连带着在后世也为萧悦的画做了一个大大的免费广告。

此时的萧悦已是"手颤眼昏头雪色"的年纪，他自己说此画是他的绝笔，从中也可见萧悦极为珍视两人的情谊，白居易也因此更加觉得此画弥足珍贵。

临行前，白居易小心翼翼地将萧悦的赠画收拾好，让它陪着自己前往远方。只可惜这幅画并没能留存下来，如今我们也只能从白居易的诗中去想象这幅画的精妙了。

终究到了要告别的时刻，萧悦望着白居易远去的背影，感觉心里空缺了一大片。此后，他专心研习绘画，变得更加沉默寡言，只有偶尔收到好友的来信时，脸上才会露出最真切的笑容。他也时常去西湖边闲游，回味一下与好友共游时的场景。

至于萧悦"逝于西湖"的说法只是存在于民间传说中。据传他晚年时，一日酒后泛舟西湖，不慎失足落水而死，但没有得到史料的佐证。如今提及杭州历代的书画名家，萧悦必会位列其中。杭州人民对萧悦这位艺术家有着深厚的情感，同时也敬佩他的为人。如果他最后的时日都能在杭州度过并能葬于西湖，这或许也是大家对他的美好祝愿吧！

第四章

一手写字，一手烹茶
——美髯公蔡襄

一、杭州知州

北宋大书法家蔡襄与杭州的关系得从他为杭州书写的一篇记文说起。

宋嘉祐二年（1057）九月，深受朝廷器重的梅挚出任杭州知州，宋仁宗赐诗为他送行："地有湖山美，东南第一州。剖符宣政化，持橐辍才流。暂出论思列，遥分旰昃忧。循良勤抚俗，来暮听歌讴。"

杭州就这样被皇帝御封为"东南第一州"，这可是件大事！梅挚到了杭州后，就在吴山建了一座"有美堂"，南望钱塘江浩瀚奔流，北望杭州万家灯火。梅挚还请欧阳修写了一篇优美的文章，就是著名的《有美堂记》。而后又请蔡襄进行书写，并刻石于堂上。

此时的蔡襄怎么也没想到，自己会在八年之后跑来杭州出任知州。不过他的出任与梅挚当初的境遇完全不同。别人是风风光光的，他却是有些避世躲难。

宋仁宗死后，无亲子继承皇位，只能过继堂兄的儿子赵宗实继承大统。宋英宗继位之后，与宋仁宗的行事风格多有不同。

蔡襄才华出众，为人也极为忠厚正直，因此深受仁宗信赖，仕途顺畅。他先后担任过福州、泉州的知州，在地方上的业绩很出众，后前往京城任三司使等职。

宋仁宗病逝之后，蔡襄的仕途受到极大影响，在汴京的官场上混得相当憋屈。传言说他曾上疏反对宋仁宗立赵宗实为太子，只是这份奏疏已经被烧毁了。以讹传讹的事越来越多，再加上小人的挑拨离间，蔡襄受到新皇帝的猜忌和不信任，于是萌生了辞官的想法。但老皇帝刚过世，如果没有特别说得过去的理由就递交辞呈，显得对新皇帝很不满。从年龄上来说，蔡襄那时才五十四岁，也没到退休年龄，就这样撂挑子，恐怕会遭到更多的猜忌。思来想去，他想到了美丽富饶的杭州，最关键是离老家福建莆田不远，这样就可以以母亲年老为由，提出去杭州当官的想法。这个请求合情合理又体现孝道，皇帝自然没有理由不批准。

蔡襄终于远离了政治中心。宋英宗治平二年（1065）二月，春寒料峭中，蔡襄轻装简行，前往这座他这些年在文字中向往已久的"天堂"，情绪也似乎在这样的美景中渐渐得到了舒缓。

二、那一年，在杭州

待蔡襄携家眷经过北关门、抵达杭州已是春夏交接之时了。他上次来杭州是很多年前的事了，虽然住了一段时间，但那时只是路过。现在却不一样了，他是来杭州当父母官的。心境不同，眼中所见的景致也就不同，况且杭州四季本就有着不同的美。

初到杭州，蔡襄就为这里的美景所折服，自然也不免去探寻一番。工作了那么多年，现在山高皇帝远，大部分人可能选择安安静静过日子，钓钓鱼，赏赏花，舒坦又惬意。

来到杭州之后的蔡襄却没有开启"退休养老"的生活，《乾道临安志》里说他"为政精明，吏不能欺"。他以"安世济民"为宗旨，希望可以通过"便民""惠民"而达到"安民"的目的。此时已经五十余岁的蔡襄，除了日常坐班以外，时不时会穿着便服游走在杭州的大街小巷，体察民生疾苦。

不过无论他如何着装，总有百姓能认出他来。因为他有个很显著的标识——胡子。但不是张飞那种满脸胡茬，而是"美髯须"，想来应该是跟关羽的差不多吧，又长又美。蔡襄的同族侄儿蔡絛的《铁围山丛谈》里专门有一则聊起蔡襄的胡子，颇有趣。

蔡襄的胡子长得很漂亮，自己也很满意，甚至有点小嘚瑟。有一天，宋仁宗约了几位大臣一起在宫里喝茶，蔡襄也在受邀之列。闲谈之余，宋仁宗忽然问蔡襄："爱卿的胡须这么美，我很好奇，晚上睡觉的时候你是将它放在被子里还是放在被子外？"蔡襄从来没想过这个问题，被仁宗这么一问，倒给问住了。

问者无心，听者有意。当夜睡觉，蔡襄平时习以为常的事却怎么做也不舒服。一会儿把胡子放在被子外，一会儿又放进被子里，可最终也没想明白这胡子到底放哪合适。白白折腾了一晚上，第二天顶着个熊猫眼去上班。习以为常的事，一旦认真起来，反倒觉得不知如何是好了。

某日，行走在钱塘江畔的蔡襄，忽然听到有人疾呼：

"又有人落水啦！又有人落水啦！"蔡襄一听，赶忙加快脚步，随着人群前往出事地点，只可惜被卷入潮水的人已无处可寻，只留下继续奔腾咆哮的钱塘江潮水以及落水人的同伴在岸边抽泣。蔡襄驱散围观的人群，嘱咐他们不要再下水弄潮。群众们发现是蔡大人，就纷纷离开了。看着远去的百姓，蔡襄的内心却久久不能平静。

其实，蔡襄到任后没多久就听说杭州沿江的百姓有弄潮的习俗。一般生活在水乡的人，大部分都是精通水性的，往往会忽视潮水的可怕，因此经常有人丧命。但人们在悲剧发生之后，依旧会继续在这片水域里玩耍，好像不会意识到这种危险会降临到自己的头上。

眼见悲剧不断发生，蔡襄一回衙门就下令坚决禁止这种玩命的陋习。为劝人珍惜生命，他亲自撰写《戒弄潮文》，只可惜如今这篇文字只留下内容，而没有墨迹存世。

当然，蔡襄并非没有在杭州任上写下的墨宝留存于世，比如《纡问山堂帖》就是他留给杭州最珍贵的礼物。此帖又称《丙午三月帖》，写于他来杭后的第二年，也是他离世的前一年。《宋史·蔡襄传》称："襄工于书，当时第一，仁宗尤爱之。"

蔡襄与苏轼、黄庭坚、米芾共称为"宋四家"，最擅长写正楷、行书和草书，书法浑厚端庄，淳淡婉美，自成一体。他的书法在当时就备受推崇，享有很高的声誉，最推崇他书法艺术的人也是北宋的两位大神——苏东坡和欧阳修。苏东坡认为他"为本朝第一"，欧阳修说他自苏子美死后"独步当世，然谦让不肯主盟"。他也为后世留下不少宝贵的墨宝，比如有楷书代表作《谢赐御书诗表》《澄心堂纸帖》，也有草书精品《入春帖》《陶

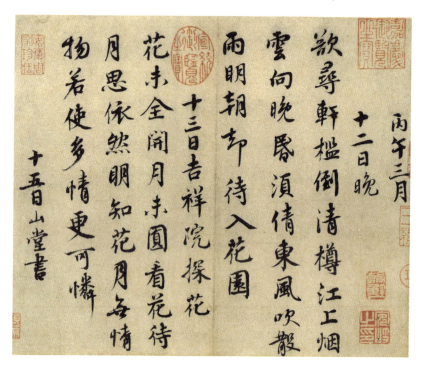

〔北宋〕蔡襄《山堂诗帖》（局部）

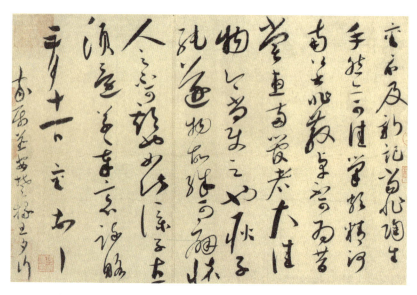

〔北宋〕蔡襄《陶生帖》（局部）

生帖》，以及颇有趣味的行书范本《脚气帖》等。

蔡襄在杭州的日子忙忙碌碌，但内心总有一处地方是空落落的，仕途坎坷，白发苍苍。据说蔡襄的母亲卢氏在三十八岁时才生下他，此番随着儿子舟车劳顿远赴杭州，实属不易。但一想到一家人能团聚在一起，又觉得很满足。

蔡襄在杭州这一年里最高兴的事，莫过于在治平三年（1066）二月十二日，已经五十五岁的他给九十三岁的母亲卢太君过生日祝寿。他在祝寿诗中说："我今鬓发白垂丝，挥拂莱衣辄起舞。愿亲长年无穷已，愿儿强健典州府。不富不贫正得宜，如我奉亲难比数。"蔡襄伺奉母亲一贯尽心尽孝，是天下传闻的大孝子。

欧阳修在《长安郡太君卢氏墓志铭》中说：天下许多人为母亲祝寿举杯时，常说愿母亲如蔡母卢夫人长寿，如果老人去世了，常有人说我母亲不能像蔡襄家卢夫人那样康健，太遗憾了。

可惜好景不长，卢太夫人到杭州之后的第二年就去世了。虽然已是高寿，但作为儿子的蔡襄还是伤心不已。按照制度，他需要回乡丁忧。

杭州的街头，落叶满地。满头白发、步履蹒跚的蔡襄带着落寞的神情，离开杭州，扶柩南归。他这一走，谁也没想到就成了永诀。许是母亲的故去耗尽了他生命最后的能量，处理完母亲的后事，再加上次子病逝，蔡襄如遭重击，一病不起，于治平四年（1067）八月十六日病逝。好友欧阳修写了《祭蔡端明文》，又写了《端明殿学士蔡公墓志铭》，高度评价了蔡襄的一生。

蔡襄一生所作所为，光明正大、刚直廉洁、才识过人、惠政在民，死后一直被世人怀念，翻阅宋代史书和宋人笔记，都是一片赞扬之声。朝廷谥蔡襄"忠惠"两字，蔡家后代和世人遂常称蔡襄为"蔡忠惠公"。

许是人品过于出众，后世为他衍生出了各种神鬼故事，且无一例外地将蔡襄给神化了。大概是世人为了弥补对他离世的遗憾，亦或是感叹他郁郁终了，借此舒展他未了的抱负。

比较有意思的一则故事是在清代褚人获的《坚瓠集》中，说在蔡襄病重的时候，兴化的郡守李遘梦见一位身披紫色绶带、挂着金印的神仙。神仙说自己是来迎接将要代替他的人。李遘很好奇地打听道："请问，阁下是谁？迎接的是哪一位呢？"神仙说："我是阎罗王，来迎接蔡襄。"李遘原只当自己做了个奇怪的梦，可谁想第二天一早就传来蔡襄去世的消息。于是李遘马上执笔为蔡襄写了一副挽联："不向人间作家宰，却归地下作阎王。"

三、品一品，这世间的味道

蔡襄众多身份之中，还有一个特别的头衔——茶叶鉴别专家。

世人提及茶，必言陆羽和《茶经》，殊不知蔡襄也专门写过一部重要的茶叶专著——《茶录》，并且这还是一件书法杰作。蔡襄可不是简单地喜欢喝茶，然后写篇优美的散文。他在正式出版并流通于市的《茶录》中论茶叶、论茶器，有实践也有理论，更不缺文采，成为天下茶人都要捧读的经典。他不仅好喝茶，还会制茶，是正儿八经的茶学家，一位正宗的"茶博士"。

这事追根溯源还得从蔡襄在宋仁宗庆历年间（1041—1048）担任福建转运使说起。那时候，蔡襄的工作职责里有一项就是专门负责监制北苑贡茶，他创制的小团茶使北苑贡茶的品质达到了登峰造极的境地，闻名于当世。

有一次，好友范仲淹写了一首诗，题目是《和章岷从事斗茶歌》。蔡襄读过这首诗之后，对好友说："这首诗真是脍炙人口，只是有一点小小的遗憾，大概是因为您才气使然，一气呵成，而忽略了一些细节问题。"

范仲淹忙问："为什么这么说呢？"蔡襄说："你的诗中有'黄金碾畔绿尘飞，碧玉瓯中翠涛起'之句，可是现在的白茶才是茶中绝品，翠绿色的茶已经是下品了！"

范仲淹深知好友乃是茶叶专家，马上诚恳地说："你是擅于品鉴茶叶的人，所以你的批评切中我诗句的毛病了，那么依照你的意思怎么改好呢？"

蔡襄也毫不推诿，直说道："我想改掉诗中两个字！"

"改什么字？"范仲淹问。

"绿、翠两个字，改成'黄金碾畔玉尘飞，碧玉瓯中素涛起'。"

范仲淹一听，连忙说道："甚妙！甚妙！言之有理，就这么改。"

在杭州工作之余，蔡襄除了游西湖、看潮、赏花、写字之外，参与最多的是便是茶事活动。比如春茶上市之前去参加评级，别人送了什么好茶要品鉴，偶尔来几

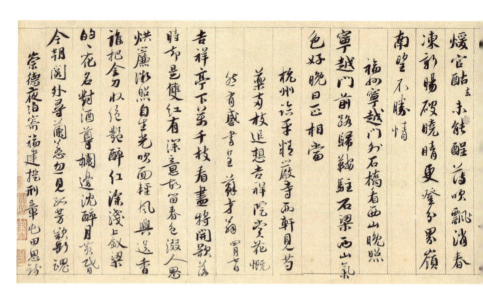

〔北宋〕蔡襄《行书自书诗卷》（局部）

场斗茶活动也挺不错。但如果要斗茶，在蔡襄这种顶级大师面前，一般也没人敢跟他斗茶过招。

既然说一般，那就总有例外。

有个初生牛犊不怕虎的女子，偏偏要挑战权威，时不时弄些不知道出处的新奇的茶叶，非逼蔡襄亲自出手不可。这女子也不是无名之辈。她姓周名韶，是当地的名妓。这周韶人俊手巧，会品茶，能题诗，并非附庸风雅之辈，所以蔡襄并不觉得她是有目的地接近而厌恶。

起先，蔡襄对周韶的挑战不屑一顾，以为不过小女孩玩闹而已。但后来拗不过周韶一而再再而三约战，便带着陪小女孩玩闹的心态应付了几回，结果可想而知。

周韶也着实有毅力，每次斗茶，蔡襄都没把胜负太当回事，当然主要是每次都能轻松取胜。但周韶每败一次，便苦思冥想，总结经验教训，非要把败因弄个明白。在一次次的斗茶中，她越战越有心得，越战越有底气。

这一天，周韶终于在一次斗茶中成功击败了蔡襄，但蔡襄仍然以为这是和周韶在闹着玩，见她对输赢很在乎，便不承认自己输了。

周韶不恼也不闹，瞪着大眼睛看着蔡襄，直看得蔡襄都不好意思了，才问道："大人认为是我输了，那一定就输了。可您刚才说了，我今天用的茶品够好，摆的茶碗够雅，做的茶汤够靓，品的茶味够香，题的茶诗够新，那您以为还要怎样，才算真的是赢了？"

这时的蔡襄被缠得有些烦了，不想多费口舌，就随口编排了一堆斗茶的条件，像什么要有排场，得有仪式、有彩排，还得有雅士在场……总之要有个讲究。这些不过都是借口，周韶却当真了。

周韶按照蔡襄所提的要求一一准备好，再次逼他应战。蔡襄也不承想自己遇到了这么一个难缠的主，骑虎难下。最终，蔡襄浑浑噩噩，如同梦游一般输掉了这场比试。

据史料记载，这场斗茶"君谟屈焉"！为什么这么说呢？是因为当时的蔡襄身体状况已经很糟糕了，老眼昏花，反应迟钝。可蔡襄既不去看病也不请假休息，成天装着啥事没有，其实对于类似竞争比试的斗茶他已经难以集中注意力了，所以这场斗茶赛可以说是败局先定。

只可惜，这场斗茶赛后不久，蔡襄的母亲突然离世，他扶柩南归，再也不会参加这样的文雅盛事了。

第五章

淡妆浓抹总相宜
——疏浚西湖的苏轼

一、吃水不忘挖井人

苏轼是谈论杭州历史绕不开的人物。提及杭州历史上的名人，说起杭州历史上的诗词，聊起杭州历史上的画家、书法家，甚至于游览西湖的风景、想到杭州的美食时，苏东坡的名字都必然会被提及。作为最喜欢杭州的外来名人，苏轼在杭州的历史上留下了浓墨重彩的一笔。

苏轼在杭州的每一天，都是快乐的。

这天，苏轼正在刚刚修筑好的堤坝上来回巡视。这已经是他第二次来杭州做官了。上一次是通判，这一次是知州，相当于"市长"，这样看来是升官了。之前他很敬佩的前辈蔡襄也是担任了这个职位。无论如何，他对杭州的山山水水是充满感情的，眼前的这片美景无数次抚慰了他郁闷的心情。因此这些天他日夜坚守在此也是心甘情愿的。

上次在杭州为官，为职务所限难有作为，这次回来看到自己那么喜爱的西湖竟然因为常年没人治理，湖底的淤泥让湖水变得浑浊不堪，不再是他这么多年魂牵梦萦的模样，苏轼实在无法忍受，回到衙门就开始打"经费申请报告"。

朝廷也很快批复了，给了 100 张度牒。度牒就是僧尼出家的身份凭证，僧尼持有度牒，可以明确出家人身份，得到相应的保障，同时还可以免除地税徭役。于是，很有生意头脑的苏轼开始公开出售这些度牒，换得 17000 贯，加上救荒的余款 10000 贯钱，用以工代赈的方式，开展了大规模的治理西湖工程。

经费问题解决了，另一个问题又摆在了眼前——淤泥怎么办？苏轼苦思冥想了几日，通过对西湖及周边环境的细致考察，想出了变废为宝的妙计。首先利用一部分挖出的淤泥和水草在西湖上修筑一条贯通南北的路，不仅很好地处理了淤泥，还免去了居民们绕湖才能走到对岸的困扰——美丽的苏堤就这样诞生了。

剩下的淤泥用作农田基肥，让原来的沼泽变成肥沃的农田，再募集社会闲散人员和外地农民前来耕作。不仅将那些因为生计被迫偷鸡摸狗的游民变成安分守己的良民，而且一部分收获用来缴纳赋税，一部分用作治理西湖的费用，可谓是两全其美。

当然，作为美学专家，苏轼的审美从来不会令人失望。苏堤上有六座形态各异的桥，苏轼分别赐名为映波、锁澜、望山、压堤、东浦、跨虹。这六座桥让原本笔直的苏堤变得婉转柔美。全程约 3000 米的长堤两边，种植了许许多多的花木，有垂柳、碧桃、海棠、芙蓉、紫藤等，美景让人忽略了徒步的艰辛。后来在评选西湖十景时，"苏堤春晓"当仁不让地成为十景之首。

此刻，苏轼走在这条即将以他姓氏命名的堤坝之上，回想自己走过的人生之路。想到自己二十二岁便与弟弟同科中举，是何等风光，谁人不知。这些年宦海沉浮，自己的满腔抱负却无处施展，上一次来杭州已是十八年前，那年不过三十六岁，还是意气风发的年纪，如今已垂垂老矣。

熙宁四年（1071），因上书反对王安石变法中的流弊，苏轼遭到政敌的攻讦被迫离开都城汴京，带着失意的悲凉和远离政治斗争漩涡的轻松远赴杭州担任通判。来杭州之后，他的待遇还不错，被安排了一套可以俯瞰西湖的住宅。整日与美景对视，心中的阴霾也渐渐被扫去。在工作闲暇之余，苏轼几乎走遍了杭州的山山水水，正是西湖的美景慢慢抚慰了他因不得志而郁闷的心情。

最关键的是他与上司太守陈襄一见如故，两人在工作上配合默契，为杭州的老百姓做了很多实实在在的好事。

苏轼初来杭州那年，庄稼收成不好，米价开始猛涨。他颇有远见地筹米存放在仓库，想以此抑制米价，应付荒年。不承想，第二年五月，本该是收获的季节却连日暴雨，老百姓的收成再次受到影响。苏东坡到处买米，连续七次上表朝廷请求拨米、拨款给杭州，还请求朝廷准允他们用绸缎来代替大米完成每年的进贡。

苏东坡还经常借助自己的名人优势为老百姓做好事。

有一次，有人控告一个卖扇子的欠钱不还，苏东坡派人把当事人带上堂询问。卖扇子的承认自己欠了对方的钱，但是他也有苦衷："不是我不还钱，是我真的还不起呀！今年老下雨，人们不需要扇子，我的扇子都卖不出去呀！"

苏轼一听，计上心来。他让卖扇子的拿给他一些扇子，提起笔就在扇子上题字作画，没多久就画了 20 把扇子，然后对卖扇子的说："拿去卖吧！"

结果，卖扇子的刚走出官衙，这 20 把扇子就被闻讯赶来的人抢购一空，来迟了的人捶胸顿足、后悔不迭。

还有一次，衙役们抓到一个骗子，是个从乡下进京赶考的书生，他的行李上竟然贴着张写着"翰林学士知制诰苏某封寄京师苏侍郎收"等字的纸条。

书生也不承想自己能遇到真正的苏轼，只能据实以告。原来这些行李是老家的人为他筹得的绸缎，用来做进京赶考的盘缠，但是这一路面临着层层抽税，等到京都这盘缠可能就只剩一半了。所以才出此下策。

苏轼听完，不仅不生气，还把这张旧纸条撕掉，亲自写了"龙图阁学士钤辖浙西路兵马知杭州府苏某封寄京师竹竿巷苏学士"一行字。书生感激涕零，高兴地上路了。后来考中了，他还写信答谢苏轼，苏轼也特别高兴。

在杭州的三年，苏轼和太守陈襄共同主持事务，通过挖沟、换井壁、修补漏洞等措施，为杭州修复了六井，解决了杭州城吃水的问题。他们还组织过灭蝗灾的行动，并赈济灾民。杭州人民也一直念着苏轼的好，甚至在他离开杭州时，百姓们都哭着为他送行，舍不得他走。

杭州人从骨子里喜爱这位天才的诗人，"东坡路""东坡大剧院""学士路"等名称便是极好的例证。即使是今天的杭州，也处处留有这位伟大诗人的印迹：苏堤、三潭印月、葛岭、众安桥、钱塘江、虎跑、柳浪闻莺、灵隐寺、孤山六一泉，都是苏东坡曾经到过的历史见证。

二、欠着他的广告费

宋神宗熙宁六年（1073），大诗人苏轼正担当着杭州通判的职务。

有一天，天气不错，已经连续下了几天雨的杭州难得迎来了太阳，加上工作不忙，苏轼决定去西湖泛舟饮酒，这是他来杭州以后最喜欢的消遣了。谁知道，行至湖中，天色突变，不一会便下起了蒙蒙细雨。反正船上有遮雨篷，苏轼倒也不急。细雨中的西湖更是美得不可言说，他掏出随身携带的酒，半躺着享受着这份闲适。微波荡漾，鱼儿在水中嬉戏，好不惬意。苏轼喝得差不多了，眯着眼静静地看着眼前的景色，真是美不胜收啊！于是，他在船上提笔写下了两首诗，名为《饮湖上初晴后雨二首》，那"水光潋滟晴方好，山色空蒙雨亦奇。欲把西湖比西子，淡妆浓抹总相宜"的诗句更是成为很多人对西湖的第一印象，引得无数游客慕名前来。迄今为止，如果问历史上有哪首诗写西湖最佳，很多人毫无悬念会选这首。这首诗对杭州、对西湖的意义和价值无论怎样估计都不过分，因此我们要说，这是苏轼为杭州西湖写的最好的"广告词"，而且是白尽义务，分文未取。

许多人提及杭州菜，有一道菜是一定会说到的，那就是东坡肉。东坡肉红得透亮，色如玛瑙，引得人唾液加速分泌，是杭帮菜中的代表。

说起东坡肉的由来，还有一段佳话。在疏浚西湖时，苏东坡为了犒劳工人，让人买来猪肉，亲自烹调。他将肥瘦相间的猪肉切成小块，姜垫锅底，加酒、酱油、糖、水，

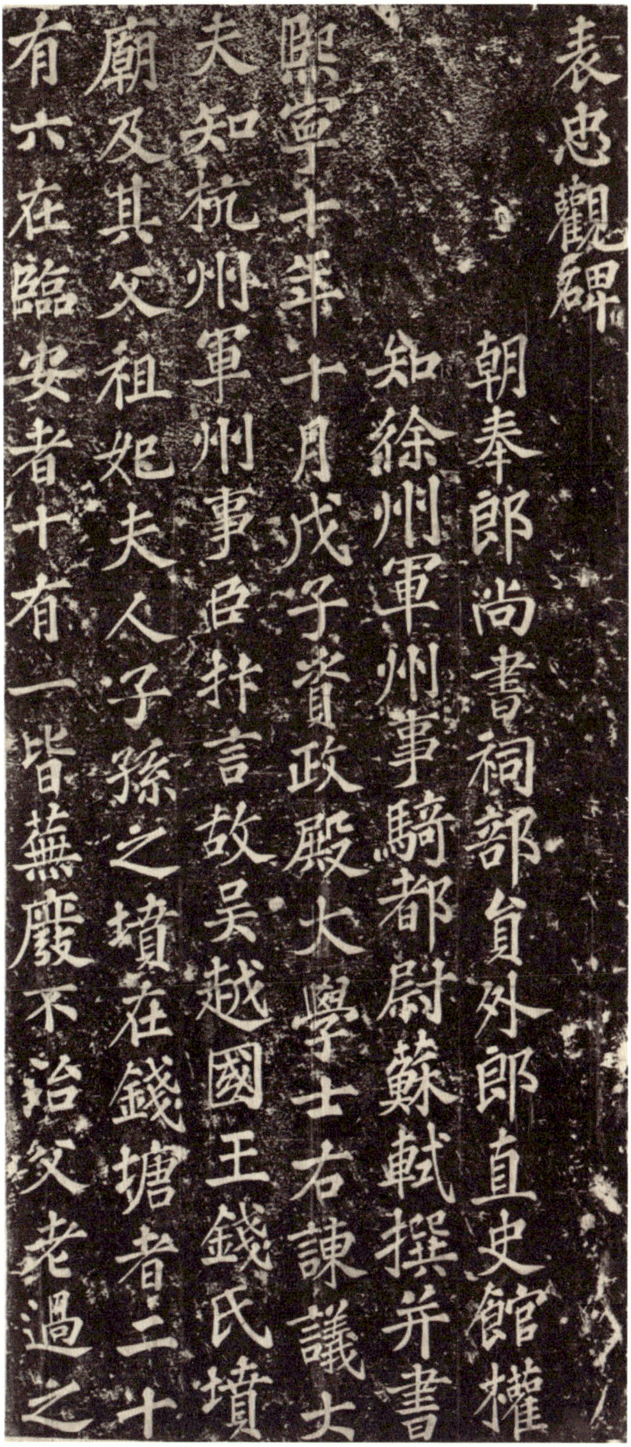

表忠观碑

朝奉郎尚书祠部员外郎直史馆权
知徐州军州事骑都尉苏轼撰并书
熙宁十年十月戊子资政殿大学士右谏议大
夫知杭州军州事臣抃言故吴越国王钱氏坟
庙及其父祖妃夫人子孙之坟在钱塘者二十
有六在临安者十有一皆芜废不治父老过之

〔北宋〕苏轼《表忠观碑》（局部）

067

用文火焖熟。他与众不同的烹调手法，制作出了软而不烂、肥而不腻的美味佳肴，香气扑鼻，河工们大快朵颐、赞不绝口。后来人们开始学着做，并且将之亲切地称为"东坡肉"。自此，杭州的菜单添加了一道独特的美味，声名远播。

元祐四年（1089），苏轼任龙图阁学士，在朝堂之上并不顺心的他主动请求外调来杭，似乎只有回到他视作第二故乡的这座城市，才能平复内心的各种情绪。他将自己的全部热情再次投入到这座城市的建设之中，在这座城市中也可以时常找寻到他生活过的痕迹。

苏轼擅长行书、楷书，被认为是最能代表宋代书法成就的大家之一。黄庭坚在《山谷集》中就直言道："本朝善书，自当推（苏）为第一。"苏轼的书法与众不同，有着自己明显的特点。一般来说，书法家写字讲求用墨适中、字形方正、大小均匀，但他却另辟蹊径，用墨极浓，

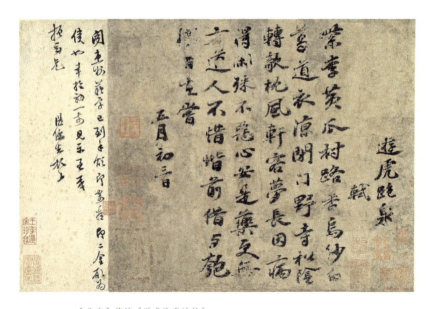

〔北宋〕苏轼《游虎跑泉诗帖》

倒有点以胖为美的意思。据说，苏轼的书法成名之后，向他索字的人很多，但他却不轻易动笔。

不过，他对杭州却是一贯慷慨，除了前面提及的例子，杭州还留有他的许多墨迹。比如担任通判期间，他撰写了《表忠观碑》，褒扬前吴越国主钱氏一门对宋室之忠。整篇碑文不但文辞脍炙人口，书法也精妙非常，被认为是"坡公最用意之作也"，只可惜原碑早已被毁。

苏轼在杭州为官期间还经常微服出游，有一次在游览虎跑泉之后，即兴写下了《游虎跑泉诗帖》，后以《病中游祖塔院》为题收入《苏轼诗全集》。

熙宁年间，位于龙井的报国看经院更名为寿圣院，据说苏轼为之题写了匾额。

苏轼在杭州的那些年，从来不吝啬手中的笔。他在龙井、韬光寺、下天竺、大麦岭等地都留下了题刻，只可惜后来因为卷入元祐党争，大部分题刻都被铲去了。唯有大麦岭因地处偏僻，躲过一劫，至今保留着"苏轼、王瑜、杨杰、张璹同游天竺，过麦岭"几个正楷字，字迹清晰完整。

第六章

误入帝王家
——宋高宗赵构

一、有其父必有其子

百花迎接着春日的来临，院中围坐着不少人，却少有人有闲情逸致欣赏这美景。没有预想中的人声鼎沸，反倒是鸟鸣声不绝于耳，若细听，还能听得几缕叹息声……一位位穿戴素雅的男子，一手紧握毛笔，一手抚平面前的纸张，额头的皱纹、握笔的力度似乎都出卖了他们此刻看似平静的心情。明明是江南的初春，却感到身心燥热。抬头看看高坐的那位，锦衣华服，不怒自威。这位"老大"这次出的考题真是不容易，但回想一下，他出的考题哪次又容易了呢？他倒是悠闲地坐着，喝个茶，赏个花，时不时还背着手过来巡视一番，一会儿点头，一会儿摇头，实在无聊了，便拿支笔出来写写画画，不知道是不是在写他那自创的"瘦金体"。这真是书法史上极具个性的一种书体，它完全不同于晋楷、唐楷等传统书体，笔画瘦硬，笔法外漏，运笔灵动快捷，笔迹瘦劲，至瘦而不失其肉，其大字尤可见风姿绰约之处。自从它问世以来一直被模仿，却从未被超越。

对，这位考官便是那位"输了帝国却赢了美"的宋徽宗赵佶，能让他来亲自主持的这场考试便是著名的宋代科举考试里专门设立的"画学"一科，也就是为画院录用专职画家。

宋代的画院是个体制单位，设有专职官员，每月集会，探讨绘画中的疑难问题，画家们拿着国家发的薪水，专职为宫廷服务，为皇帝在宫殿、寺庙等地作画。

北宋在中国的文化史乃至世界文化史上，一直是后人仰之弥高的高峰。在这座高峰中，画院便是其中一颗耀眼的明珠。画院之所以出名，除了设立专门考试之外，考试形式活泼多样也很重要，不但要考画工，还要考其他文化科目。赵佶规定必须经过国家考试，成绩合格且具有一定文学修养的画家才能成为画院成员。画院招收了一批当时的著名画家，并将唐代的意境理论逐步落实到绘画中，发展出严谨翔实的画风，将中国人物画推向了高潮，促进了绘画艺术的全面发展。

宋徽宗在艺术上有着惊人的天赋，这位杰出的画家、书法家，不仅自己作画，而且善于选拔画家，连考试他都可以玩出各种花样。这道让在场的画家蹙眉咬唇的考题，便是他最喜欢的以唐诗诗句进行的现场命题，要求考生画出诗句的意境。想考入画院，不仅要会画画，还得熟读诗书；不仅要画得好，还得有新意，因此这种考题应该算是对考生比较全面的考察了。

这一次，他出的题目是"竹锁桥边卖酒家"，诗的大意很好理解：桥边有一家卖酒的店铺，但被竹林给遮掩住了。画是视觉艺术，对于看不见的东西——酒家该如何表现？很多考生大都刻意描画酒店，唯有一位别出心裁。他画的是小桥流水、茂密竹林，但在桥头的竹林外的树梢处挂了一块幡，上面写上一个"酒"字。这样一来，画上虽未出现酒家，但一看便知竹林深处有酒家，

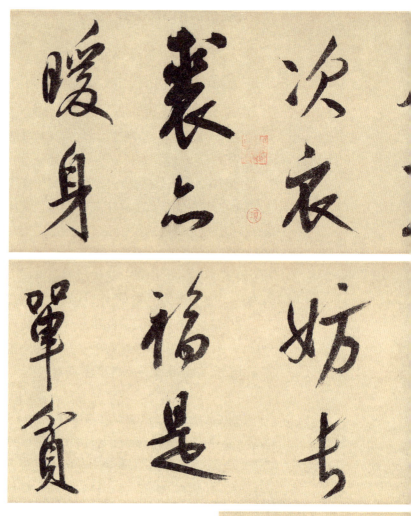

〔南宋〕赵构《行书白居易自咏诗》（局部）

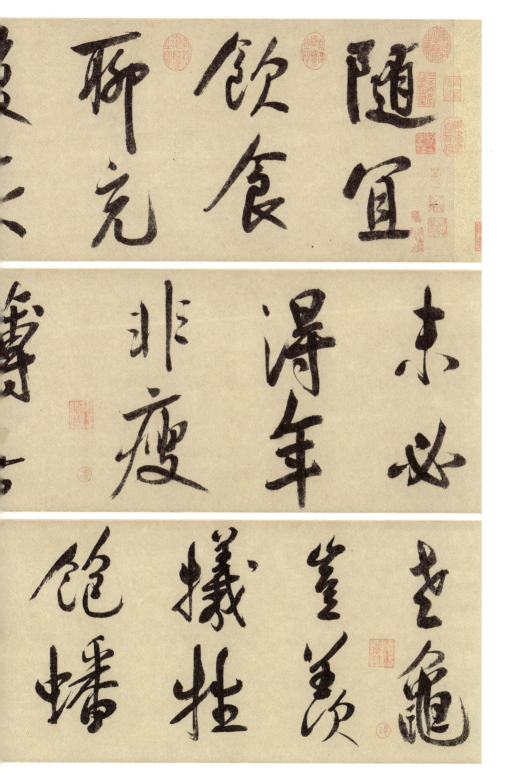

将"锁"字表现得淋漓尽致。要问此人是谁，便是后来的著名画家的李唐。由此可见宋徽宗此题出得极为高明。

假如宋徽宗不当皇帝而是当个艺术家，那绝对是一流的。他自小就热衷于书画，且显示出极强的天赋，长大后与著名的书画家王诜、赵令穰等人往来密切。

徽宗在位时，画院每年都要举行一次全国性的大考，取前三名给予重奖并擢为画院画师，以激励画家勤奋努力、开拓创新。此外他还提倡画家要深入观察生活，对绘画发展起到推动作用。

有一次，宋徽宗在花园里看到一只孔雀，马上召集画师将这一幕绘成图画。宋徽宗闭目养神，等待着画师们交上作品。众画师"各极其思，华彩烂然"，宋徽宗就像检查学生作业的老师一样，扫视了一遍画家们的作品。看完这些"作业"，他忍不住摇了摇头，明显对测试成绩很不满意，便大声宣布："大家都画错了。"在场众人面面相觑，根本不知道错在哪里，只听宋徽宗淡淡地说道："孔雀升高，必先举左。"画师们笔下的孔雀却是"先举右脚"。画师们看一眼那只此刻正在悠闲散步的孔雀，再看一眼自己的画，都很汗颜。有这样一位对所有细节观察入微的皇帝，自是不好糊弄。榜样的力量是不容小觑的，在这样严格的要求之下，宋代优秀的绘画作品层出不穷也就不足为奇了。

只可惜一场战争，将原本的格局打破了。

宋徽宗的儿子赵构自小便见证了老爸各种各样考验画师的花招，耳濡目染，在艺术方面也颇有建树。

建炎三年（1129），宋室驻跸杭州，筑宫城于凤凰山东麓。过了几年，宋高宗赵构在今天的万松岭一带复建了画院，这座画院从此成为南宋绘画活动的中心。随着画院的建成，来自各地的画师们云集西湖，日日徜徉于西湖山水之间。西湖不仅是他们创作的题材，也俨然成为他们心中的"缪斯"。他们以精湛的画艺描绘了西湖的秀丽风景以及江南地区人们的生活画面。

二、九里松"一字门"

公元1127年，金军抓走了徽宗和钦宗，还掳走了大量财宝。在这场被称为"靖康之耻"的历史事件中，却也诞生了一位"幸运儿"：徽宗的第九子康王赵构因为不在都城而成为这场劫难的幸存者，而后顺利即位，建立南宋。

宋高宗即位后，每天还是提心吊胆，生怕自己的位子哪天就保不住了。他既担心金人打过来，又不想去收复失地，于是便畏畏缩缩地去讨好金人。当然，他内心还有一处担忧是万一打胜了，迎回二帝，那他的处境就会很尴尬。所以，在驻跸杭州之后，他也只知道向金人纳贡称臣，苟且偷安于江南一隅，在皇位上待了三十六年。

赵构在政治上不思进取，但在艺术的追求上却是不遗余力。

初来乍到，杭州的风景美得赵构更无心朝政了，每天游山玩水、吟诗作画，和画院各路人才探讨画技与书法，日子过得相当安逸。闲暇时，宋高宗不仅进行书画创作，还跑去研究书法理论，并写了一本《翰墨志》，这本书成了南宋书法理论的代表作。这艺术天分当皇帝真是可惜了。

宋高宗虽然贵为帝王，但很是尊重别人的艺术作品，且相当有自知之明。

在杭州待了没多久，他便选中了孤山的地皮，想在那边建造一座延祥观。这座道观的建造还得从靖康之迹说起。当时还是康王的赵构出使金国，随行的宫女看到有四个金甲神将，执弓箭保护康王。显仁皇后听到这个消息，就说："我事四圣，香火甚谨，必其阴助。"就是说，她平时奉祀北方四圣很恭敬，所以必定是这四圣在暗中庇佑着她儿子。或许真是心诚则灵，和谈果然成功了。后来，显仁皇后又将这件事告诉了已经即位的高宗，高宗也相信自己有四圣庇护，想建造寺观以供奉，显仁皇后还自掏腰包让高宗委任太傅韦渊监工督办。开工前，宋高宗下诏迁走了孤山的坟墓，却唯独留下了那位"梅妻鹤子"林和靖的墓，还在墓周围植树，让环境变得更好了。

但宋高宗对林和靖的这份礼遇，最终却招来了祸事。张岱在《西湖梦寻》中说，南宋灭亡之后，有盗墓贼认为林逋是大名士，墓中的珍宝肯定很多，于是就去挖。可挖了半天，才发现陪葬的竟然只有一方端砚和一支玉簪。

一日，宋高宗在西湖边闲游，不觉来到了九里松，一抬头发现了"一字门"上有一匾额，上书"九里松"三个大字。宋高宗的目光瞬间便被吸引了，抬起的脚久久没有放下。他知道这是王令的外孙——书法家吴说不久前题写的。吴说是杭州人，宋高宗早就知道他家有家学渊源，一门善书。宋高宗看了半天，脑子里出现了一个想法：要将吴说的三个字换下来，改用他自己的字。回到宫里，他就躲进书房，认真地写了起来。

赵构的书法功力也是不一般的。他早年学习黄庭坚，中年学米芾，后来又研习"二王"。出色的书法水平加上皇帝身份，使宋高宗基本上左右了南宋的书坛，很多后人都效法他的书迹。同时，南宋朝廷兴起学习书法的高潮也正是由于宋高宗大力提倡大众学习书法的缘故，这一做法对书坛的兴盛起到了很大的作用。

宋高宗躲在书房写了半天也不满意，但他还是不放弃，前前后后又写了几十次，最终他还是承认了一个事实：吴说的字比自己好！后来，宋高宗派吴说去信州做知州时，还当面夸奖他"九里松"三个字写得好。只可惜这三个字早已被历史湮没，令人颇为遗憾。幸好，吴说还有墨迹流传下来，有兴趣的读者不妨从中探寻一下让宋高宗都推崇的好书法。

三、夫妻同心抄书

一个普通的夏夜，看时辰大概已是二更。宋高宗揉了揉酸痛的手腕，看了一眼笔下的这篇文字，露出了满意的笑容。皇后吴氏来到他身边，瞄了一眼桌上新完成的几张抄写，等待着皇帝让她"续书"。

宋高宗一直醉心于书道，也倡导大众研习书法。他不光是嘴上说说，更付诸行动。于是从绍兴初年开始，他就决定亲自给太学书写课本。他选定的教材包括《周易》《尚书》《中庸》《春秋》《论语》《孟子》和《毛诗》七部，每次都特别认真地书写这些经典，没有一笔是随意糊弄的。最近这段时间以来，每次他写到手腕发酸，感到"翰墨稍倦"时，就让书法技艺同样出众的吴皇后接手。

吴皇后轻轻提笔，她不知道该对这位对政事好像漠

位于杭州凤凰山的"忠实"石刻

不关心，将全部精力放在书法、绘画等事上的丈夫说些什么，她张了张嘴，终究还是什么也没有说。时间渐渐流逝，一页页字体端正的楷体慢慢堆满书桌。看着两人的劳动成果，宋高宗暗暗决定——将两人书写的经文铭刻在巨石之上，以免出现误传或者遗失。正因为他这个想法，这些纸成了《南宋太学石经》，目前还存世85块，这也是全国现存众多石经中唯一由皇帝御笔亲书的石经。现如今，残存的85块石经都伫立在杭州孔庙的石经阁中，大多残破不堪，只能隔着玻璃罩去感受那些文字的美。

宋高宗在杭州生活了很多年，在这座城市留下了不少墨迹。他曾为吴山通玄观书"通玄"匾额，凤凰山上还有他亲笔写下的"忠实"二字的石刻。若有机会来杭，不妨来找寻一番，想来也是极有趣味的！

第七章

南宋画院的大神们

一、在宋代当画家

生在宋代，想当一名画院画家，除了学识渊博之外，没有点观察力也不行。画院曾有一条戒律："盖一时所尚，专以形似，苟有自得，不免放逸，则谓不合法度，或无师承。"意思就是不管你画什么，你得画得像、画得真，否则就会被人看不起。今天我们看宋画就像在看照片，感觉特别逼真，富有生活气息。因为当时画院的这些画师出门写生不仅要带笔墨，还得带上尺子，一笔一画完全复原景物，成为一架架"肉眼照相机"。

按照常规认知，写作画画一般都是灵感来了，便泼墨濡毫，一挥而就。但宋朝的画家日常作画却像在搞科研，没点吃苦耐劳的精神是当不了一位好画家的。他们要是画山画水，就会钻到深山老林里，研究地域风貌、山水土质、树木花草，如被誉为"宋画第一"的《溪山行旅图》便是北宋画家范宽"卜居于终南、太华岩隈林麓之间，而览其云烟惨淡、风月阴霁难状之景，默与神遇，一寄于笔端之间，则千岩万壑，恍然如行山阴道中，虽盛暑中，凛凛然使人急欲挟纩也"的成果。宋朝画家的这套绘画理论，对后来的许多画家影响很大。

说到南宋后期的宫廷画家，首先值得一提的是杭州画家李嵩。据《画史会要》记载：李嵩"少为木工，颇远绳墨，后为李从训养子，工画人物、道释，得从训遗意，尤长于界画，光、宁、理三朝画院待诏。有《宋宫观潮图》，扬眉庵题之，侄永年，世其家学，咸熙祗候"。除《宋宫观潮图》外，李嵩更为出名的三幅作品是《货郎图》《骷髅幻戏图》和《西湖图卷》。

其中《货郎图》现藏于北京故宫博物院，该图描绘了一位走街串巷的货郎，挑担摇鼓引起众多妇女和儿童围观的情景，非常具有生活气息。在这幅纵仅 25.5 厘米，横才 70.4 厘米的画面上，李嵩竟然高度写实地塑造了 15 个神态各异的人物，外加 4 条小狗。每个人物及小狗都刻画入微，栩栩如生。更为奇绝的是货郎货担上的各种物件，如小鼓、风车、葫芦、花篮等玩具，瓶、缸、茶碗、杯盘等生活用品，木叉、竹耙等农具，瓜果、糕点等食物均刻画得惟妙惟肖、纤毫毕现。

看李嵩的画，不免想起历经两宋的著名画论家、藏书家邓椿在《画继》中的记载："尝见一轴，甚可爱玩，画一殿廊，金碧晃耀，朱门半开，一宫女露半身于户外，以箕贮果皮作弃掷状，如鸭脚、荔枝、胡桃、榧、栗、榛、芡之属，一一可辨，各不相因，笔墨精微，有如此者。"连宫女倒的什么垃圾都描绘得清清楚楚，说明宋画这种高度写实的作画风格一直延续到了后期，而李嵩的这幅《货郎图》较之邓椿所述实有过之而无不及。

《骷髅幻戏图》也是一幅表现当时民俗风情的纪实性绘画。图上一大骷髅正提着小骷髅耍弄，与扑过来的小儿相对应，小儿身后是一位满面惊愕的妇人，正欲拦阻小儿的行为。骷髅身后则是一位满面愁容怀抱婴儿的妇人。这描绘的其实是当时民间艺人用真骷髅表演悬丝傀

〔南宋〕李嵩《骷髅幻戏图》

偶戏的生活场景。

　　当然美丽的西湖也是李嵩喜爱的创作题材之一，《西湖图卷》就是其代表作。这幅《西湖图》或许不是古代描绘西湖最精湛的画作，却是最能反映南宋西湖全貌的作品。这幅图为纸本墨笔，现收藏于上海博物馆。《西湖图卷》采用鸟瞰的构图形式，在并不大的纸张上展现出西湖秀美的湖光山色。中心突出明净湖水，四围群山环绕，苏堤、保俶塔、断桥、孤山、雷峰塔、双峰插云等名胜皆隐现于烟锁雾迷之中，尽收眼底。

　　此画所展示的西湖与如今的西湖除了没有湖心亭和三潭印月之外，几乎相差无几。全图在继承了北宋山水画工笔之外，又融入了写意手法，墨色清淡洗练，并充分发挥渲染功能，使湖上的晨霭晓雾和旖旎春光跃然纸上。这幅图的价值还有两点特别之处。其一是据清代诗人、学者厉鹗在《南宋院画录》卷五中记载，明朝开国皇帝朱元璋曾在这幅《西湖图卷》上题跋赞赏，这可能是迄今为止人们所知的朱元璋对于绘画的唯一直接评论，具有重要的史学意义。其二是这幅画的美学价值很高，美籍学者高居翰在《气势撼人——十七世纪中国绘画中的自然与风格》一书中认为，南宋时期有一些画家"企图摆脱在构成山水时，必得以各种笔法形式为宗的限制，而另辟蹊径，尝试使其笔下的山水更接近肉眼所见到的自然"，李嵩的《西湖图卷》即为这种"着重经验性的视觉呈现"的显例之一。

这里顺便提一下宋代画家们的一个小嗜好。宋代画家虽然给人以一种一丝不苟的严谨之感，但他们也有让人忍俊不禁的另一面。比如宋代画家在落款时流行"隐款"，就是画完一幅画后不直接落款，而是把名字等信息隐藏在画中，有些画要是不拿着放大镜仔细寻找，根本发现不了。当然还有些干脆不写名字，导致今天在鉴定作者时常常出现争议。

就因为这事儿，连那幅被誉为"宋画第一"的《溪山行旅图》还闹出了个乌龙。因为这幅画是山水画中的典范之作，名气太大导致"盗版"层出不穷。由于一直没有人能发现画家的落款，所以几百年间大家只能依据史料记载来推测画的真伪。后来著名山水画爱好者乾隆皇帝在判定《溪山行旅图》时，将赝品定为真迹，还在赝品上题了一首诗。虽然，乾隆皇帝做这样的事也不是一次两次，但既然皇帝说是真迹，这金口玉言还是管用的，这赝品也就一直以真迹身份受到宠爱。直到1958年，台北故宫博物院前任副院长李霖灿才在这幅流传千年的名画中发现了一个惊人的秘密：原来，范宽把他的名字藏

〔北宋〕范宽《溪山行旅图》

《溪山旅行图》上的范宽签字

在了一片树林之中。如此，真迹蒙受的不白之冤才得以
昭雪，赝品也因有乾隆的题诗仍然受到后人的重视。

　　这种"隐款"爱好者在两宋时还不在少数，比如李
成《读碑窠石图》藏"李成画树石，王晓补人物"于画
中残碑之侧面，李唐的《万壑松风图》隐款"皇宋宣和

〔南宋〕李唐《万壑松风图》

甲辰春，河阳李唐笔"于远处山峰之中，等等。这似乎成了宋人作画的一种雅趣，也让后人在赏画时多了一份寻找落款的乐趣。

对于这一雅趣的形成，后世存在各种推测。有人认

杭 州 风 华 **H A N G Z H O U**

《万壑松风图》上的李唐签字

　　为宋代这些职业画师也许是并不擅长书法，所以才只画画不题字；也有人认为宋代画家追求真实自然，不想让文字破坏画作意境……无论如何，这一点小爱好倒也给追求写实主义的宋画平添了一份趣味。

从北宋画院到南宋画院，其风格演变受各方面因素的影响。南宋画院的留白是中国绘画史上非常惊人的成就。它以精准的几条线去启发观者无穷的想象力，去感染观者无边无际的情愫，这样的绘画，当得起"品质"二字。敢于开创一种风格必然有着极强的自信，南宋画院的画家们用纤细的画笔，画出了坚守，画出了时代精神，也画出了对美的坚持。

八百多年前，这座位于杭州万松岭一带的画院，是多少绘画者梦寐以求的圣地。在它存在的一百多年间，名家迭出，佳作如云。这些作品，历经天灾人祸，大凡留存下来的，都被各大博物馆争相收藏，北京故宫博物院和台北故宫博物院收藏的只是一部分，还有很多作品散落到了世界各地。

南宋无疑是杭州最为辉煌的时代之一。彼时的大宋王朝虽然在军事上长期受北方的金国和后来的蒙古的压制，但在文化发展方面却出现了一个高峰，而杭州就是南宋政治、经济和文化中心。在南宋长达一百五十多年的统治时间里，杭州已是当时世界第一大都市，极度繁华靡丽。

后世虽认为宋朝积贫积弱、疆域狭小，但其实民间的富庶与社会经济的繁荣远超过盛唐。宋朝时期文化繁荣，儒学复兴，科技发展迅速，政治开明，而且没有严重的宦官专权和军阀割据。

对此著名历史学家陈寅恪评价为："华夏民族之文化，历数千载之演进，造极于赵宋之世。"西方与日本史学界中亦有学者认为宋朝是中国历史上的文艺复兴与经济革命时期。如果说到原因，和宋朝统治者"重文轻武"政策及统治者个人文艺修养普遍较高有很大关系。宋朝建立后吸收以往教训——如唐代的安史之乱——为避免武将权力过大，重用文臣担任要职并掌握军政大权，文官地位和待遇也高于武将，这一政策称为"重文轻武"。这在客观上造成了文人地位的上升，为数众多的文人群体进入官员队伍。另外，统治者对文化宽松的管理和科举制度的发展等也是重要原因。宋代城市建设的发展和市民阶层的壮大为文化繁荣制造了大量精神需求，而印刷术和活字排版技术的普及，也为宋代的文化和文学繁荣提供了技术支持，如在文学领域，"唐宋八大家"中，宋朝便占据6人。

很多文人喜欢将两宋时期称之为"最好的时代"，宋朝历代帝王大多热衷于文艺事业，除了宋徽宗外，其他如北宋的真宗、仁宗，南宋的高宗、孝宗和宁宗等都有很高的艺术修养，尽管他们在政治上的成就并不理想。宋代君主和臣僚"未尝顷刻不以文学为务"，他们好读书，并爱好书法、绘画和诗词创作。宋代皇帝御制作品多，其文艺修养之高，为历代所不及。"上有所好，下必甚焉"，宋代统治者对文艺的爱好和重视，自然对文学艺术的发展产生了重要影响。他们开创的"院画 style"，至今仍在影响着中国画的审美。

二、李唐南渡

年迈的李唐静静地站在西湖边，回想自己的人生之路，感慨良多。当年初出茅庐，在画院的招考中一举成名。那时候的他意气风发，带着满腔的热情投入到工作中，也在那里不断成长。他从没有想过有一天他需要远走他乡，而且是在这么大的年纪。他更不知道的是后世会将他作为南渡画家的杰出代表，将他视为南宋宫廷画的代表人物。

此刻的李唐，只关心自己下一步的人生之路要走向哪里。耳畔似乎还能响起北风的呼啸声。那真是一段不堪回首的往事啊！

靖康之难后，除了两位皇帝，金人还俘获了一大批包括宫廷画家在内的艺术家和能工巧匠，李唐也在其中。在被掳往北方途中，李唐听说赵构在南方建立了政权，就动了逃跑的心思。某日，乘看守不注意，他脱离队伍开始逃跑。他一路向南，结果不幸再次降临，竟然被一伙强盗所掠。真是刚出虎口又进狼窝。强盗们在检查他的行囊时，发现里面都是些粉彩画笔，一番问询后知道他就是大名鼎鼎的李唐。这一发现引起了一个名叫萧照的强盗的注意。

萧照也喜欢画画，早就有跟随李唐学习绘画的想法，奈何为生活所逼，不得已为盗，如今结识李唐，就决定助李唐逃脱并随他一起南渡。后来萧照也确实学有所成，跟随李唐一同进入南宋画院。

初到杭州的李唐想了许久，年近八十，一路奔波早已身心俱疲。他没有去朝廷报到，而是选择隐姓埋名，在街头卖画为生，日子过得相当困苦。本以为就这样终老一生，不承想后来与李显忠共同主持隆兴北伐的将领邵宏渊无意间得到一幅画，惊呼："这是李唐的画，李唐来临安了！"他立即向高宗禀告了此事，于是李唐就被返聘进入南宋画院。

李唐又是怎样书写自己艺术生命中的最后几页的呢？有兴趣的读者不妨找一部中国绘画史来看看。

三、"暗门刘"

南宋到了第二任皇帝宋孝宗手上时，经济状况已经很不错了，社会总体上比较富裕，西湖四周更是名园连绵。

五月的清晨，初阳艳丽，空气清新。西湖边一座园林的一角，满树金黄色的枇杷沐浴在阳光之下，令人垂涎三尺。有一路过的青年被那黄澄澄的颜色吸引，走进园去。近一点，再靠近一点，迎面对着阳光，看看果皮上那薄薄一层细密的茸毛，又看果蒂处那青痕，再看果子在不同光影下的透明度……突然，沉浸在观察中的他被一声婉转的鸟叫惊醒。抬头看到一只小鸟停在树枝上，一人一鸟对视着，似乎要为这些诱人的果实争抢一番。青年正欲赶它走，却忽然想起了什么，再仔细一看，不由得倒抽一口冷气。啊！这竟然是一只绣眼鸟！今天的运气未免也太好了吧，一早出门竟然看到一只绣眼鸟！

要知道作为南宋画院的画家，对绣眼鸟那是极度敏感的。因为宋徽宗曾经画过一幅《梅花绣眼图》。那幅画中，一只绣眼鸟俏丽地立在梅树枝头，鸣叫顾盼，神情十分动人。这幅画在画界相当有地位，为画院的画师们所熟知。青年眼前的这只绣眼鸟，眼周有一圈白环，几乎与宋徽宗画的那只一模一样。青年早已没了先前的那份驱鸟的气势，此刻只怕惊动了鸟儿，小心翼翼地隔着枇杷树与绣眼鸟对视。他发现绣眼鸟的眼珠真的是漆黑的，难怪宋徽宗要用漆去点它们。他眼中的绣眼鸟时而啄食枇杷，时而左右顾盼，样子十分生动有趣。突然，可能已经饱腹的绣眼鸟振翅飞走了，青年怅然若失，在枇杷树下伫立良久，才缓步离开。

几天后，皇宫里争相传看着一幅名为《枇杷山鸟图》的画，作者就是那个青年——林椿。画上绣眼鸟的羽毛先以色、墨晕染，再用细小工笔拉出根根绒毛。鸟儿的背羽显得坚密光滑，腹毛则蓬松柔软，雅致细腻得让人顿生爱怜之情。那只绣眼鸟，终于在南宋达到了近乎完美的形态。

这种没有实践就没有发言权，讲究稳健扎实的写实功底的绘画要求就是南宋画家的集体特色。这份写实让作品变得栩栩如生，不仅在宫廷大受欢迎，还在市井中流行。往往画院里有新作面世，马上就出现复制品。特别是林椿这类有名望的画家，每当他们的复制画上市，在众安桥夜市上都会引起一阵轰动，市人竞相争购。

据《梦粱录》《武林旧事》等记载，南宋画院画家的作品，散落在这个城市日常生活的角角落落。显应观等地，有萧照、苏汉臣的壁画；茶馆酒楼，用悬挂字画来提升档次、吸引顾客；如果市民们家里遇到喜事举办宴会，需要用到屏风、画帐、书画等陈设，还可以租赁。

杭州的扇子有名，在南宋时期就有陈家画团扇铺、周家折揲扇铺等专营店，所售种类繁多，有细画绢扇、细色纸扇、漏尘扇柄、异色影花扇……每到夏天，人手一把扇子，摇曳的扇面上都是画家们画的山水、花果、珍禽、人物等各种小品。画阁、画廊、画堂、画舫、画檐、画屏、画帘、画楼、画馆、画栏上，随处可见南宋画家的画，它们不再是挂在博物馆里的展览品，而是投射在各种生活器具上，融化在市民的日常生活里，相当接地气。

许多画家也都有市井绰号，画画爱画一角的马远是"马一角"；王辉别称"左手王"；居住在石桥附近的王宗元被呼为"石桥王"；随父亲宦居钱塘清波门，以住地自号刘清波，但因清波门又称"南暗门"，故外号"暗门刘"的刘松年；作画爱一半留白的夏圭"夏半边"；等等。

那么南宋画家中，谁的作品是院画中最完美的体现呢？当属南宋"画院四家"之一的刘松年。"南宋四家"中除李唐外，马远、刘松年、夏圭皆为浙江人，其中马远和夏圭是杭州人，刘松年是金华人，不过长期居于杭州，按照现在的说法，应该也算"新杭州人"。

刘松年在宋孝宗淳熙年间（1174—1189）入为御前画院学生，宋光宗绍熙年间（1190—1194）为画院待诏，宋宁宗时（1195—1224）因进献《耕织图》，得到奖赏，赐予金带。刘松年是历经宋孝宗、光宗、宁宗数朝的宫廷画师，善于创作山水、人物、界画，师从张敦礼，但名声盖过自己的老师。刘松年的画作皆是精品，有"画院人中绝品"之称。

刘松年在当画院学生的时候，他的老师是李唐的学生，所以他的山水画风与李唐一脉相承，在技法上变李唐的"斧劈皴"为小笔触的"刮铁皴"。他笔法俊秀，变雄健为清丽，水墨青绿兼工，着色妍丽典雅，墨色亦显清淡。

提及江南的美，西湖自然是其中的佼佼者。它不仅是一幅天然图画，更是一首诗，蕴含着无数绮丽的故事。刘松年当时所在的清波门是南宋杭州城十三座城门之一，西湖十景中的"柳浪闻莺"便在此处，而这"淡妆浓抹总相宜"的西湖也是他很爱创作的题材，特别是山明水秀的西湖胜景，"浅草才能没马蹄"的春日，"接天莲叶无穷碧"的夏日，秋夜时浸透月光的三潭，冬雪后疏影横斜的红梅，更有那烟柳笼纱中的莺啼，细雨迷蒙中的亭台楼阁……西湖的美，不张扬，却自有醉人处。不同的视角有着不同的味道，刘松年在描绘西湖景色时，别出心裁，在题材的选择上多选园林小景，所以人称"小景山水"。张丑有诗云："西湖风景松年写，秀色于今尚可餐。不似浣花图醉叟，数峰眉黛落齐纨。"

刘松年传世的画作颇为稀少，北京故宫博物院所藏的《四景山水图》是他传世山水画中的代表作。《四景山水图》共有四帧，分别画出了湖山的幽情美趣，成功地画出了西湖贵族庭园别墅的四时景色之美。

春踏春：画堤边庄院。桃柳争妍，山峦叠翠，远山迷蒙不清，近处杂树小草生机勃勃。堤头的两个侍者牵马携盒走向小桥，台阶下的童仆忙于清理担具，大约是随主人倦游而归象。

夏纳凉：西湖边水阁凉庭，临湖绿柳荷风。庭前点缀湖石，四周花木丛生，此处像是"平湖秋月"之景。主人端坐中庭纳凉观景，仆从伫立一旁。

秋观山：老树经霜，高爽宜人。小桥曲径通幽，与外部湖山相阻隔。庭中窗明几净，一位老者独坐其间，有童仆取水煮茶，一派悠闲逸趣。

冬赏雪：苍松劲秀，大地银装，如诗一般的意境之美。湖边的四合院落布满积雪，白茫茫一片，桥头一老翁骑驴撑伞，由侍者导引，或为踏雪寻梅而去，颇多闲适之趣。

刘松年不愧为"南宋四家"中画风最为精致细微的，他画的屋宇，界画工整。《四景山水图》以人物活动为中心，结合界画技法，精心构建庭院台榭等人工建筑，工整精巧，或富丽，或古朴，又巧妙地将其与天然的山水景物结合起来。刘松年继承李唐的构图手法，将主体

〔南宋〕刘松年《四景山水图·踏春》（局部）

〔南宋〕刘松年《四景山水图·纳凉》（局部）

〔南宋〕刘松年《四景山水图·观山》（局部）

〔南宋〕刘松年《四景山水图·赏雪》（局部）

景物集中在一角一边，留出相当的空白来表现远水遥山，让整幅画面带有湖阔天空、远山浮翠的全景之势。这样的虚实对比，既扩展了画面空间，又起到突出主体的效果。画作中虽有明显的李唐"斧劈皴"的痕迹，但无水墨苍劲之感，反而显得文静、柔和。画中近景的界画工整细腻，景物的刻画也繁复细致，文雅清润中带着几分整饬修饰的感觉。

刘松年极擅处理穿插在山水间的点景人物，人物虽小但神气精妙。他画的人物神情生动，衣衫清劲，精妙入微，在描绘西湖优美风景的同时，鲜明地表现了贵族士大夫的闲情逸致。不免让人想起林升"暖风熏得游人醉，直把杭州作汴州"的诗句。宋室南迁杭州以后，投入很大的精力对西湖的山水胜境进行开发和营建，风景确实更加明媚秀丽，但南宋君臣大多沉迷于嬉游逸乐，高官显贵们的庭园别墅建造甚多，一时华堂琼阁、高台美榭遍布湖区。

身为宫廷画师，刘松年常年生活其间，见多闻多。《四季山水图》虽然立意于表现士绅官僚优裕闲适的生活，但他在创作时却有心将笔墨加重在人工营造修饰的景物之上，焉知不是画家借画抒情，有心批判这群官僚们无心复国、专注于享乐的生活态度呢？

刘松年在政治上有着自己的坚持，所以他的画作涉猎题材广泛，既有反应社会不公的，也有拥护反金的。这一点，从他花大力气创作了一幅《便桥会盟图》便可窥见一二。画的内容讲的是唐太宗李世民化干戈为玉帛，在渭水便桥与来犯的东突厥颉利可汗结盟修好的历史事件。他希望统治者效法唐太宗战胜强敌突厥，而不要效法唐高祖的逃跑投降政策。他还画了《中兴四将图》，表彰岳飞、韩世忠等南宋时期的著名将领的伟绩。

后人把他与李唐、马远、夏圭合称为"南宋四家"。他的传世代表作品除提及的《四景山水图》外，还有藏于四川省博物馆的《雪山行旅图》，藏于台北故宫博物院的、作于开禧三年（1207）的《罗汉图》和作于嘉定三年（1210）的《醉僧图》，以及《天女献花图》等。

四、"马一角"

开禧三年五月的某天，南宋皇帝宋宁宗赵扩对着一位宫廷画师说："出使金国签订《嘉定和议》的丞相史弥远回来了，今晚要举行庆贺宴会，你和你儿子都来参加吧！"皇帝的意思自然不是让他们晚上来喝个酒、唱个歌，而是让他们父子二人为这场宴会做个图画版的活动纪要。

日暮时分，花灯初上，晚宴要开始了。领了差事的画师恭恭敬敬地坐在角落，这个位置既不显眼又便于观察。前两年，朝廷下令北伐，战事却连连失利，人们的心情如同杭城冬日连绵不绝的雨天那般阴沉。作为老百姓，谁不想过几日安生的日子啊！如今，这焦头烂额的战事总算是告一段落了，大家都沉浸在"和"的喜悦中。画师掀起门帘，此刻的庭院里还带着梅花的清香。许是今年的天气有些寒冷，梅花还未落尽，还在竭力怒放着。以梅花为背景，有一群宫女正拿着灯在跳舞，灯影衣袂相映衬，丝竹之声不绝于耳，好一番人间的梦幻之境，似乎连梅花都活了起来，那多情的姿态，像是在随着宫女们一起跳舞。

目光转至今晚的两位主角——宁宗和史弥远。他们脸上的笑却是那样地刻意。细想一下，这只能算是一场慰劳宴，而不是真正的庆功宴。看看这次和议的内容：上国书称金主为伯父，岁币银绢各三十万，又以三百万缗钱赎回淮、陕两地……都是拿屈辱买的平安。唉！转眼被迫南迁都八十年了，当初总以为是一时的。南迁第十二年时，高宗就派人与金人第一次议和，花钱买个平安，签了个《绍兴和议》，其间还折了一位大将——岳飞将军。南迁第三十五年时，继任没几年的宋孝宗，雄心勃勃地发起了一场北伐之战，结果败了，与金人第二次议和，于是又多了一个《隆兴和议》。这回北伐打了两年，劳民伤财还是以失败告终，第三次签订屈辱和议。看看这些条款，真是既丧失国格又丧失人格。可就是这样一份协议，老百姓也不知道能有几年安生日子过。

画师想到这些，顿时有些郁闷。连他都如此，更何况亲自拍板的宁宗和亲手签下和议的史弥远呢？谁又能真的高兴起来，不过是挤出来的笑容罢了。这样的场面真是有些难为画师了。

可为了报答父子"同班侍宴"的优待，画师并不打算用太写实的笔法去完成。官家都特意办了一场宴会来庆祝，你把大家画得一个个眉头紧锁，再配上一张张假笑的脸，多寒碜。但也不能像前辈顾闳中那样画一幅热闹繁华景象的《韩熙载夜宴图》，那样既不符合事实，也对不起自己追求的意境风格。他决定另辟蹊径来记录下这一觥筹交错、宫女执灯起舞的景象。

他没有直接描绘屋内的场景，而是选择从户外的视角窥见殿中人物活动情景的画法。整幅画包括山石、人物、建筑与树木，又保留着他独特的留白手法。画中楼阁描绘精细，加上衬染，细腻的笔触将宫殿完整地勾勒出来，如同一张建筑工程图纸。仔细看这幅画，就会发现画师的构思极为巧妙，他以俯视的角度画华灯初上时的酒宴情景，但关注点没有放在殿内宴席与宾客的活动上，而是重点表现宴会的外部环境。他虽然没有让饮宴

的帝王直接出现在画面上，却把一切都暗藏其中。远处
的大面积留白、安静的山林与房前的树木形成强烈对比，
那几棵姿态奇妙的树恰似宫殿内起舞的宫女摇曳的身影，
颇有虚实相生的妙趣。他还不忘将自己画入其中，据考
据画的最下方的三人中，右边两位即为其父子二人，但
也是仅仅勾勒出一个大概的身形，还是以写意为主。

写到这里，大家应该都猜出这幅图了吧——就是三
分之一写实、三分之一虚景、三分之一留白的名画《华
灯侍宴图》，作者就是绘画只画一角，其余全是留白，
人称"马一角"的马远。

宋宁宗就是喜欢马远这种略有点"小清新"的绘
画风格，才将这次的绘画重任交付给了他和他的儿子马
麟。马氏父子也没有让宁宗失望，既记录了这一大事件，
又能传递出大家没那么高兴的信息，还不会让人觉得没
面子。

马远，字遥父，号钦山，生于杭州的一个丹青世家。
马远家自曾祖父开始就都是画家，而且都是宋朝画院中
颇有建树的画师。他的曾祖父马贲善画花禽、人物、佛
像，形成"马家"风格，是北宋徽宗宣和时期的画院待诏。
祖父马兴祖是高宗绍兴年间的画师，精于鉴别古代文物，
工花鸟，亦擅画人物。高宗赵构十分赏识他，每次获得
名画卷轴，都让其辨验真伪。叔父马公显和他的父亲马
世荣在山水、人物、花鸟画上无一不工，绍兴年间任职
待诏，并获"赐金带"，这是画院的最高荣誉。他的兄
长马逵擅长山水、人物，尤工花鸟画，造诣颇深，世人
评价"毛羽灿然，飞鸣生动"。他的儿子马麟也工人物、
山水、花卉，曾为画院祗候。

从曾祖到他儿子，一门五代都名列于画院，有"一

片雲閣雨果詩成
人道催詩湏待雨
玉栅華燈萬盞明
寶瓶梅蘂千枝綻
樂閡漢殿動驪聲
酒捧倪觴祈景福
父子同班侍宴榮
朝回中使傳宣命

〔南宋〕马远《华灯侍宴图》

杭 州 风 华

HANG

ZHOU

门五代皆画手"的美称，这堪称画史上的一个奇迹。更为传奇的是，马家每一代都有自己的绘画特色，而不是靠祖上荫封。以宋代画院的难考程度，足以看出马氏一门在绘画上的成就，可谓家学渊源。

按说马家的画风早已成熟，马远吃老本足矣，但他却心有不甘。他是南宋光宗、宁宗两朝画院待诏，也是五代马家人中最有才气的一位。他善画山水、人物、花鸟，幼承家学，山水取法李唐，继承和发展了北派山水的画风，不但写实能力高超，而且能出新意，自成一家。因其绘画喜欢只取景色一角，并善于留白，故人称"马一角"。马远在青年时期就已经显露出出众的艺术才华，二十多岁时绘制的人物画便得到过高宗赵构的御笔亲题。宋高宗擅长书法、绘画，能得到他的认可，足见马远的天赋。

靖康之变曾一度使宋代的院画有所中断，北宋虽然灭亡了，但文人们对于艺术创作的追求却从未停止。

喜爱绘画的宋高宗赵构在杭州万松岭山麓附近设立了南宋画院，明人郁逢庆在《续书画题跋记》中尝谓："宋高宗南渡，创御前甲院，御萃天下精艺良工，画师者亦与焉，院画之名盖始诸此。自时厥后，凡应奉诏所作，总目为院画。"当时的画院人才济济，有姓名可考的画家就有近120人。最初，南宋画院中的画家大部分是从北方南下而来的，发展至后期，随着杭州本土画家不断加入，如刘松年、马远、夏圭、马和之等，形成了南北画家相互交流影响的局面，其中尤以"南宋四家"为代表。刘松年和李唐在前文已有介绍，但要说"南宋四家"中对后世影响最大的还是另外两位杭州籍画家——人称"马一角"的马远和"夏半边"的夏圭。

南宋画院里，第一代画家大多来自北方。北方来的画家擅长画山，却不太会画水。南宋院画虽承北宋院画之衣钵，但在发展的重点和形态风格上有了变化，这其中有一条便是南宋院画的山水画得到了巨大发展。

在我国古代绘画史上，最独特、最辉煌的成就是山水画，而宋代艺术最突出的成就之一，就是"外师造化，中得心源"的山水画，因此宋代的山水画被认为是古代绘画的一座高峰。

宋朝画坛固然以"写实"为最高审美标准，但何为"美"其实没有标准，自然也就不乏追求"写意"的叛逆者。最先带起这股风气的是苏轼和他的一帮文人朋友，其中包括文同、米芾父子等。他们觉得，作画不应该囿于"形似"，而应该跟写诗一样，不仅要"状难写之景如在目前"，还要"含不尽之意见于言外"。就像苏轼的《枯木怪石图》一样，虬结的枯木与怪异的石头，并不像是自然界的真实物象，而是作者抒发胸臆的凭借之物。

支持绘画写实与写意兼具者大有人在，南宋时期便出现了一个外号"梁疯子"的叛逆者。他原名梁楷，爱喝酒，擅长绘画，担任画院待诏，行为放荡不羁。皇帝曾特别赐给金带，梁楷却不接受，还因为厌恶画院的规矩，把金带挂在院中离职而去。遗憾的是他存世的作品不多，且大多不在国内。

梁楷现存最著名的代表作就是那幅《泼墨仙人图》。此画以高度简练的手法，寥寥几笔，如墨泼纸，描绘出一个醉醺醺的神仙形象。而且画家故意压缩了人物的五官间距，以此表现仙人清高超脱、不屑凡俗的精神状态，可谓以形写神的典范。

宋代绘画就是在这种"写实"与"写意"的碰撞和交融中，呈现出别具一格的魅力。这种虚实相间的风格影响到当时的画风，马远也从中获益匪浅，最终形成独树一帜的山水画风格。后人把他与夏圭并列，时称"马夏"，被誉为中国绘画史上富有独创性的大画家。

马远的山水画构图独特，善作平视或仰视构图，打破了北宋山水画近中远三景兼备的全景式构图模式。他大胆取舍剪裁，选取自然景色中最具代表性的山、石、树木，抓住一角之景进行重点表现，并利用大片的留白渲染气氛。他的画远景简略清淡，近景凝重精整，形成自己独特的构思与艺术风格。

这种新的构图形式，一扫过去重峦叠嶂、云烟满纸的画法，使景物变得简洁，主体鲜明突出，意境则依旧辽阔高远，这也正是南宋院体山水的一大特点。明人曹昭在《格古要论》中，对马远构图的特点作出这样的评价："全境不多，其小幅或峭峰直上，而不见其顶；或绝壁直下，而不见其脚；或近树参天，而远山低；或孤舟泛月，而一人独。此边角之境也。"

从此，绘画史上有了"马一角"这样一个雅称，而这种以局部表现整体的绘画思路也为中国美学思想的发展做出了重大贡献。

不过，"马一角"能够成为绘画大家，也并非偶然。

五、从淘气鬼到独步画院

嘻！挑水丫头隔墙女！
呸！混账小子北邻人！

很多人大概想不到，这副著名的叹词对联，其上联出自南宋画家马远。马远虽然家学渊源，但少时也是天性活泼，极为顽皮。有一天，他乘别人不注意，竟然偷偷跑出学馆，到池塘去洗澡，见邻家有个小丫头挑着两只水桶来池塘打水，便悄悄游过去吓她，并信口吟联一句："嘻！挑水丫头隔墙女！"那丫头见他捣乱，马上不客气地回敬了他一句下联："呸！混账小子北邻人！"这副叹词联，寥寥几字便将人物形象描绘得生动活泼，颇具韵味。

马远虽然活泼好动，但确实天资聪颖，且刻苦好学。马远很早便进入画院，画院中有很多前辈名家，他时常向他们请教。从画作和史料上来分析，马远的画风主要受两条源流的影响：一是继承了"家传"，即"马家"的绘画风格；二是师承李唐。当时的画院确实十分盛行李唐的画风，马远自然也刻苦研习过李唐等人的技法。不过模仿不代表抄袭，他没有局限于模仿别人，而是独辟蹊径，将李唐的构图变得更为简洁，再结合江浙一带空气迷蒙、湿润的实景，大量留白，由此形成了自己独特的风格，开启了南宋时代图文互相包含的诗画结构。

正是由于他不拘泥于前人，独树一帜，才有了"独步画院"的美誉。

说到马远最具代表性的留白作品，便是那幅《寒江独钓图》。"千山鸟飞绝，万径人踪灭。孤舟蓑笠翁，独钓寒江雪"是大家耳熟能详的唐代诗人柳宗元的绝句《江雪》，而这幅《寒江独钓图》的创作，便与这首诗有关。这点倒让人不免想起宋徽宗爱用诗句作为画院考题的事，且看马远是如何在画作中表现诗句之意境的。

画的中央是一叶扁舟，孤零零地漂在天地之间，船头坐着一位老者，独自垂钓，他的发髻、胡须乃至鱼竿与鱼线都被细致地描绘出来。船尾微微上翘，从这点上便可以看出宋代画风的写实主义。而在船的四周，只有寥寥几笔的微波，其余都是大片的空白，一方面使得独钓图的"独"字更加突出，另一方面则表现出烟波浩渺的江水，突出强烈的空间感，营造出寒意萧瑟的氛围，写意风格尽显，可以说是历代山水写意画的典范之作。只可惜此画因为历史原因，现收藏在日本东京国立博物馆。

成功背后都是有汗水的，为了画好水，马远经常在西湖边、钱塘江畔转悠，认真观察水的千变万化，最后总结出《十二水图》。他用不同线条外加晕染相结合的方式，细致地画出了长江万顷、秋水回波、黄河逆流等十二种不同的水的姿态，似乎绘尽了水的变化。不同的水纹配合不同的环境体现出不同的意味，就像《寒江独钓图》里，几缕微波与寂静的留白相得益彰，更显出独特的意境。

除了山水画，马远的人物画勾描自然，花鸟画常以山水为景，情意相交，生趣盎然。

《秋江渔隐图》是马远人物画的代表作之一。画中描绘的是一叶小舟停泊在芦苇丛中，一位老渔翁怀抱木桨，蜷伏在船头酣睡的画面。老渔翁的头部勾勒得十分精细。马远采用传统的线描法画眉、发、胡须，又对脸颊、鼻尖、下唇、眼窝进行晕染，让人物极富立体感。这是古代传统绘画里较少见的手法，即使在马远的其他人物画中手法运用也不如这幅娴熟，显得别具一格。此外，他还用线条娴熟地表现物象的质感，把水波的轻盈、布衣的褶皱，甚至是船板的木质纹理等都表现得极为真切。几根将枯未枯的芦苇在秋风里随风轻摆，风又吹得水面细波粼粼，

将秋的萧瑟渲染出来。

马远因为住在西湖边，那片绝美的湖光山色自然也为他的作品提供了极佳的素材。"西湖十景"就来自于南宋画院画家的山水题名，著名的"平湖秋月""柳浪闻莺""曲院风荷"等名称便是由马远贡献的。

马远长时间供职于宫廷画院，接触帝后的机会自然很多，也因此收获了一位大咖迷妹——杨皇后。

杨皇后是何许人也？她原名杨桂枝，严州遂安（今杭州淳安）人，宋宁宗的第二任皇后。杨皇后因外貌美艳惊人，所以很小就被选送入宫。但她不是花瓶而是个才女。她聪明，舞、唱功力非凡，而且善通经史、工于诗、善书画、精鉴赏，深得吴太后宠爱，后来在皇太子赵扩身边伺候，经过一番后宫争斗后，于嘉泰二年（1202）被正式封为皇后。虽然杨皇后在从政这件事上有争议，但她刻苦好学，其所具备的书画素养在历代后妃之中都属罕见，被称为"宋代最杰出的女书法家之一"，行家

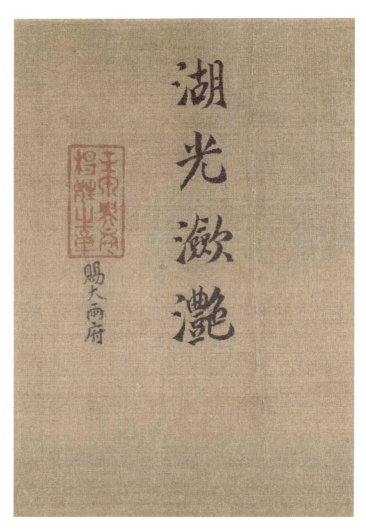

南宋画家马远《十二水图》中的杨皇后题签及宝印

称赞她的书法"波撇秀颖，妍媚之态，映带缥缃"，所以她在马远作品上题诗写字倒也显得相得益彰。那套宁宗皇帝看了非常感动的《十二水图》，就是杨皇后亲题画名的。

杨皇后在众多的宫廷画家中最喜欢马远的作品。单单欣赏还不够，她时不时也会技痒难耐，在马远及其子马麟的画作上题字跋诗，有时还作为珍品赏赐给朝中大臣。就拿马远的《华灯侍宴图》来说，除了得到宋宁宗的赏识，也得到杨皇后的肯定。马远此画最突出特点就是把一片欢腾的宴会景象画成了空山暮景。按说这样处理可能被视为不祥之兆，不过学识与审美极佳的杨皇后还是看懂了这幅画，照旧题了诗："朝回中使传宣命，父子同班侍宴荣。酒捧蜺觞祈景福，乐闻汉殿动欢声。宝瓶梅蕊千枝绽，玉栅华灯万盏明。人道催诗须待雨，片云阁雨果诗成。"由此可见这位杨皇后确实艺术水准极高，称得上是马远的知音。

她还在部分画作上署名"杨妹子"。最初人们误以为"杨妹子"为杨皇后之妹。后来，曾任台北故宫博物院副院长的江兆申先生通过研究认定，杨妹子即恭圣仁烈杨皇后。像马远的《洞山渡水图》《倚云仙杏图》等画作上皆有她的题字。杨皇后的诗配上马远的画，二者的结合让人赞不绝口，也为后世留下一段画坛佳话。

六、"夏半边"

说完马远，当然还要说说马远的忘年交夏圭。

当时马远与夏圭齐名，时称"马夏"，一个被称为"马一角"，另一个则被称为"夏半边"。顾名思义，夏圭的绘画构图常取半边，以致画面焦点集中，产生近景突出、远景清淡的效果，故而人称"夏半边"。也有人认为这是画家以此影射南宋偏安东南一隅。夏圭与马远同朝为官，虽然马远比夏圭年长很多，但二人的关系却十分亲密，夏圭在马远这位老前辈身上学到了很多绘画技法与处世之道，两人共同把南宋院体山水画推上继李唐、刘松年后的第二个高峰，并形成了马夏画派。

夏圭，字禹玉，临安（今浙江杭州）人，宁宗时任画院待诏，获得过赐金带的荣誉。他的山水画师法李唐，又吸取范宽、米芾、米友仁的长处而形成自己的个人风格。

作为杭州画家，夏圭的创作题材自然会涉及西湖的山水。浅设色画《西湖柳艇图》是夏圭少有的几幅挂轴之一，现藏于台北故宫博物院。此画中出现了西湖中的柳树、长堤、水榭、湖舍、画舫和游客等景物，从而构成湖边村舍人家、一叶扁舟晚归的唯美画面。

《西湖柳艇图》在构图上分作四层，中间一道长堤采用"之"字形构图贯穿南北。堤外柳梢间掩映着曲折的桥梁。柳堤采用回环的处理，分为三层，采用疏密、远近、曲直、穿插和点景的方式，使整条长堤紧密地相连在一起。远处人物的勾画也不似其他山水画中点景人物那样简率的笔法，笔调沉着含蓄，刻画精细。

这幅画上远处的天空用淡墨染出浮动的白云，与烟雾迷蒙中的远方树林相接。他用巧妙的手法，将上下交融的湖光云影充分表现出来，并且抓住了西湖的特点，使人看到了那万缕柔条的杨柳、缤纷灼灼的桃花。整个画面丰富生动又极具变化，具有很强的空间感和真实感，将西湖的秀美与江南氤氲的水气体现得淋漓尽致。

看到此图不免想起白居易的《钱塘湖春行》，真可谓是"水面初平云脚低""几处早莺争暖树""绿杨阴里白沙堤"。

杭州除了西湖还有钱塘江，看过了西湖的春，那么钱塘江的秋又是怎样的呢？夏圭的《钱塘秋潮图》就描绘了钱塘江秋潮初至时翻滚奔腾的景象。整幅画用色大胆、鲜丽，远处峰岫黛青掩隐，近景崖石、杂树交织，中间则是滔滔白浪，气势磅礴。图中的树、石、浪全采

〔南宋〕夏圭《西湖柳艇图》（局部）

用中锋勾勒的手法，让其显得跳跃有力，富有节奏感，是马夏画派的典型代表。

　　夏圭的绘画风格虽与马远多有相类，但细细观察亦会发现他自己独特的个性特征。相对于马远，夏圭作画用水更多，故画面更显温润秀逸、水墨淋漓，人称"拖泥带水皴"；又喜欢在染色后用秃笔焦墨点虱，即所谓"泥里拔钉皴"。相对马远的峭拔犀利，夏圭丝毫不露棱角，蕴圆浑于苍劲，于疏松中见俊秀。对此董其昌曾言："夏圭师李唐而更加简率，如塑工之所谓减塑者，其意欲尽去模拟蹊径。而若隐若没，寓二米墨戏于笔端。"夏圭的画风和其多少受佛教禅宗影响有关，也因此让夏圭的画没有马远的画中那种富贵、矜持的气息，却多了几分散淡、荒率的野趣，宫廷气息相对来说淡化了许多，更加富有人情味。

遗憾的是，有关夏圭的生平人们了解甚少，至于其晚年情形以及如何去世，更是找不到可信的史料。也许那些伟大的艺术家都是寂寞的，唯有他们创造的艺术品，才能唤起世人对这些艺术家的怀念之情。

第八章

赵家的艺术天分有遗传

——书画大家赵孟頫

一、万般皆是缘

愿得一心人，白首不相离。几千年来，多少女子的心愿就是如此，只是有人无奈之余只好对命运妥协，有人却大胆反抗，最终得偿所愿。

八百年前的元代，就有这么一位名叫管道昇的才女，大胆追求自己的幸福。管道昇，字仲姬，是元代著名的女书法家、画家、诗词创作家，从其画作可见称其为"才女"是当之无愧的。管道昇很小就显示出过人的天赋，读书写字自不必说，诗词歌赋也样样精通。在十六岁就可以取字纳吉嫁作人妇的年代，这位管家的二小姐却依旧不慌不忙，整日画着她的画，填着她的词，练着她的书法，日子一天天地过，技艺日益精湛，可这位才女被"剩"下也是不争的事实。青春在岁月里一点点流逝，这一拖便拖到了二十八岁。管二小姐什么时候能出阁，成了邻里关心的话题。管道昇的内心也曾有过焦虑，可读了那么多书，她有自己独立的想法，不想将就。

写到这里，如果你对管道昇这个名字还有点陌生，那么说她是大画家赵孟頫的妻子，是不是就会忍不住发出"原来是她呀"这样的感叹呢？没错，管道昇等来等去，终于等来一位契合自己心意的大才子——赵孟頫。

说起赵孟頫，除了他身上带的大家所熟知的那些标签，如书法家、画家、诗人之外，他还是宋太祖赵匡胤十一世孙、秦王赵德芳之后，是地地道道的皇亲国戚。他生于宋理宗宝祐二年九月十日（公元1254年10月20日）的吴兴（今浙江省湖州市），其五世祖为宋孝宗的父亲、秀安僖王赵子偁，四世祖为崇王赵伯圭，因宋孝宗赐赵伯圭宅第于湖州，因此他的后代子孙成了湖州人。赵孟頫称得上是世家子弟、名门之后，可惜他生不逢时，赶上两朝交替之际，虽有祖辈荫封，可覆巢之下焉有完卵，他出生时已是家境贫寒，全家只能艰难度日。屋漏偏逢连夜雨，赵孟頫十一岁时父亲去世，由生母丘氏督学。赵孟頫自幼聪敏，读书过目不忘，下笔成文，写字运笔如风，也因此他家终于迎来了转机。在现在忙着小升初的年纪，十四岁的赵孟頫已经因其家世代为官而入补官爵，并通过吏部选拔官员的考试调任为真州司户参军。不过宋亡之后，赵姓的荣光便已是前朝旧事，他的仕途也随之暂时止步了。

不得不说，父母真是孩子最好的老师。在赵孟頫郁郁不得志，甚至有些自暴自弃，感叹此生无望之时，母亲丘氏对蛰居在家的他说："圣朝必收江南才能之士而用。你不多读书，如何超乎常人？"听了母亲的一番话，赵孟頫顿时心生惭愧，自己读了那么多书，看待事物还不如母亲看得久远。于是他重新振作，并且比过去更加努力，并去经学家敖继公门下研习经义，学业大有进步，才学之名日益远播。

做学问是清苦的，但赵孟頫在这样的坚持下，各方面的才能都得到长足的进步。正如他母亲所预料的那样，机会是留给有准备的人的。元世祖忽必烈"搜访遗逸于江南"，赵孟頫不出意外地被行台侍御史程钜夫举荐。至元二十三年（1286），元世祖在京城看到英俊潇洒、才华横溢的赵孟頫，惊呼为"神仙中人"，赵孟頫这块金子终于在当权者的赏识下体现出自己的价值，并且一路青云直上、仕途顺畅。他为官几十载，受到了元世祖、元成宗、元武宗、元仁宗、元英宗五朝礼敬，历任集贤直学士、济南路总管府事、江浙等处儒学提举、翰林侍读学士等职，累官翰林学士承旨、荣禄大夫。

说完赵孟頫的官运，再来说说赵孟頫与管道昇的姻缘。

话说这赵孟頫在入京之前就已在书画界小有名气，但在爱情方面几乎还是一张白纸。虽然赵家的门槛早已被络绎不绝的媒婆和说客踩破了，可赵孟頫对自己的终身大事一点也不着急，他打定主意要找一个真正情投意合的"另一半"，加上家长并没有施加多少压力，他便每天看着媒婆上门，却连正眼也不瞧一下，只是一门心思读书作画。

有道是，缘分天注定。世人皆说赵孟頫才艺绝世，丹青艺术被称为元朝第一，书法也自成一派，被称为"赵体"，他传世不多的作品都是收藏界的珍品，况且他还是位全才，诗词歌赋样样精通。显而易见像赵孟頫这样的妙人，倾慕他的大家闺秀不在少数，可这位赵才子是有想法的人，普通的女子入不了他的法眼。

有一天，他听说城外一座寺庙的墙上被一位女子画了一幅《修竹图》，因为画面生动、用笔精巧，很多路过的香客都赞不绝口，以致很多人慕名前往，该庙的香火都旺盛了不少。赵孟頫听说后，生性好强的他就有些不服气，难道还会有人比我画的更好？更何况还是个女流之辈。

赵孟頫赶到那座寺庙一看，果然是一幅精品，用笔老到，布局疏密有致，绝非一般人的手笔。他由佩服到好奇，就找到方丈打听这女子的来历。这真是"踏破铁鞋无觅处，得来全不费工夫"，缘分到了，谁也挡不住。方丈告诉他，这女子乃德清茅山管公的次女管仲姬，大名管道昇。赵孟頫知道这管家不但是书香之家，而且管公还是一位远近闻名的贤者，便一门心思想见一见这管道昇。但在那个时代，忽然求见一名女子于礼不合。不过这点小事哪能难住我们这位赵公子，他写了一幅字派人送到管家，说想用这幅字换一张管道昇的画。管道昇的父亲看到这幅字十分开心，就让管道昇画了一幅竹子回赠赵孟頫。

当然，这位管老爷对女儿的婚事不急是假，只是不愿意随便为她许配人家罢了。赵孟頫的名字他自然是听说过的，说不定女儿等候多年的良缘就此来到，自然乐见其成。

管老爷原是不知道管道昇的心思的，等看到女儿精心创作的墨竹图时，就知道女儿的心底起了波澜，要不然不会这样精心地进行创作。

赵孟頫收到这幅墨竹图后，再次被管道昇的艺术造诣折服。在他眼里，那亭亭玉立的墨竹，简直就是管道昇的倩影。他对此画爱不释手，并挥笔为此画作赋：

> 猗猗修竹，不卉不蔓，非草非木。操挺特以高世，姿潇洒以拔俗。叶深翠羽，干森碧玉。孤生太山之阿，千亩渭川之曲。来清飙于远岑，娱佳人于空谷。……

赵孟頫不愧为一代大家，此赋用词华丽铺张、洋洋洒洒，极尽赞美之能事，虽然有"爱屋及乌"之嫌，但说他"睹物思人"应当是没错的。

赵孟頫把赋写好后，又托朋友送去管家。这一而再再而三的，管老爷自然更加笃定赵孟頫的小心思了，于是安排了一次家宴，表示要感谢赵孟頫赠字，席间，他让管道昇出来以为客人斟茶敬酒的名义和赵孟頫见面。正所谓"金风玉露一相逢，便胜却人间无数"，四目相对的一瞬间，就知道对方就是自己要找的人。许是互相倾慕，许是一见钟情，在等待姻缘降临的这条道路上这两人总算是守得云开见月明了。

赵孟頫对这段姻缘显然是有些得意的，在管道昇去世后，他在写《魏国夫人管氏墓志铭》时多少有些吹牛的嫌疑："夫人生而聪明过人，公甚奇之，必得佳婿。予与公同里闬，公又奇予以必贵，故夫人归于我。"这话的意思是：我夫人从小就聪明得不得了，我老丈人也宝贝得不得了，一定要给她找个乘龙快婿。我老丈人认为我也不得了，一定会荣华富贵，所以最后就选择我啦！

那年管道昇二十八岁，赵孟頫更是已经三十五岁了，即便放到现在他们也是晚婚晚育的杰出代表。据说他们结合之后，专程到美丽的西子湖畔游览数日，感受新婚的快乐。自此，他们相伴整整三十年，这对诗、书、画三绝的夫妻，也为后人留下了许多感人的佳话。

二、琴瑟和鸣

在中国艺术史上，赵孟頫和管道昇的结合，是一件说不上太大但也绝对不小的事情。说它不太大，是因为艺术家之间的婚姻，从根本上说，不可能影响中国艺术

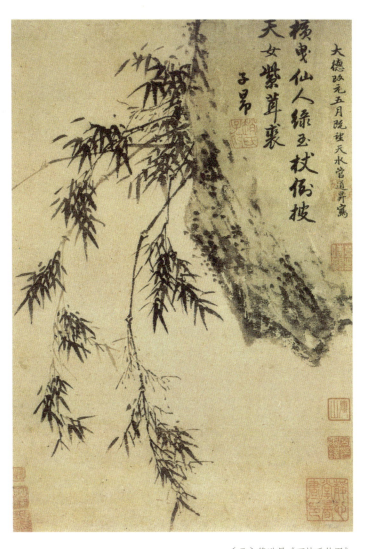

横曳仙人绿玉杖偃披
天女紫茸裘
子昂

大德改元五月阮从天水管道昇写

〔元〕管道昇《石坡垂竹图》

发展的进程；说它不小，是因为他们的结合确实有助于
各自的创作并直接催生了很多艺术佳作——缺少了这些
佳作，中国艺术史的元代这一章就会失色不少。婚后，
两人住在杭州，在美丽的西子湖畔度过了他们一生中最
快乐的一段时光，这也是赵孟頫艺术创作的黄金期。那
场景想想就让人艳羡不已，夫妻携手或荡舟于西湖之上，
或在白堤、苏堤上漫步，清风徐来，水波不兴，望眼前

之美景，看身边之良人——人间之幸福，莫过于此啊！

更"可气"的是，他们生活创作两不误，在享受生活的同时顺便就把创作也完成了。常说爱情是创作的动力，这话放在这对夫妇身上绝对正确。两人常常你绘一幅画，我题一段词，合起来就是绝妙的艺术珍品，真称得上是珠联璧合。

设想一下那当年的场景：赵孟𫖯画张《春江垂钓图》，夫人就补个墨竹；管道昇画张梅花，赵孟𫖯就题段《题管道昇梅竹卷》："道昇素爱笔墨，每见余尺幅小卷，专意仿摹，落笔秀媚，超逸绝尘。此卷虽是小景，深得暗香疏影之致，故予品题，聊缀小诗，以记一时之兴云。大德二年九月既望，吴兴赵孟𫖯书。"这两位秀恩爱的劲儿可不比现在的年轻人小。以至于在后人眼里，他们是值得效仿的典范。例如很多年以后，那位也很风流倜傥的文坛领袖，就是拼了老命也要和柳如是结合的钱谦益，就很是羡慕嫉妒地这样评价这两位的爱情婚姻："天上人间此佳偶，齐劳共命兼师友。"

作为恩爱夫妻，他们的生活令人羡慕，而更令人嫉妒的是，他们常常变着法儿各种"撒糖"，最常见的方式就是把合体创作的字画"秀"给众人看，这当然算得上是真正"高大上"的秀恩爱了。用来传情的全部是诗词字画，互相赠送的要么是一幅字画，要么是一首诗词，而且件件都是高雅之作，连字画上的题词都称得上绝妙，不信的话，给列位看两个小例子。

新婚不久，大概是在暮春初夏时节，管道昇看窗外的竹子自开春以来生长茂盛，早已是郁郁葱葱，突然想到丈夫外出已有一段时间，思夫之情油然而生。她脑海中自然浮现出王昌龄那首著名的《闺怨》：

闺中少妇不知愁，春日凝妆上翠楼。

忽见陌头杨柳色，悔教夫婿觅封侯。

管道昇一向不喜欢杨柳，嫌它们过于婀娜多姿，又有水性杨花的恶名，所以尽管吟诵着这诗句，却不会下笔画杨柳，因为它们不如竹子那样挺拔高洁。于是她决心画一幅《墨竹图》，送给远在外地的丈夫，以表思念这情。这幅画的中心，是一片翠绿的竹林，但在一个角落，她特意画了一些枯黄的竹叶，用意就是暗示赵孟頫，夫君不在，自己的美貌也已减色。怎么样，如此表达思夫之情是不是太高大上了。而且，她唯恐夫君不明其意，又特意题上一首小诗：

夫君去日竹新栽，竹子成林夫未来。

容貌一衰难再好，不如花落花又开。

读了这首小诗，哪位丈夫不会油然而生对妻子的爱恋和思念之情呢!

还有一次，夫妻二人合作，管道昇先画了一幅《梅竹图》，赵孟頫看后特别喜爱，几乎到了爱不释手的地步。他稍稍想一下，挥笔在画上题写了一首七律：

握笔如伊夺化工，消闲游戏墨池中。

寒梅缀雪香生月，疏竹凝烟叶倚风。

小径幽然临石砌，斜蹊清雅护台封。

炉香袅袅茶烟好，逸兴飘然岂俗同。

所谓近朱者赤，管道昇在丈夫的影响和指点下，书画水平日益提高。不过当面对外人的夸奖时，她却谦虚地说："操弄笔墨，故非女工，然而天性好之，自不能已。窃见吾松雪精此墨竹，为之已久，亦颇会意。"虽只短短两句话，从中却可见其对赵孟頫的尊重和爱戴。这样才华横溢、进退得宜的夫人，赵孟頫在与朋友的通信中，也忍不住要夸赞一番，为有这样一位兰心蕙质、心有灵犀的妻子而自豪。有一次，他给朋友写信，信中又忍不住说起妻子：

> 山妻对饮唱渔歌，唱罢渔歌道气多。
> 风定云收中夜静，满天明月浸寒波。

赵孟頫真是爱情事业双丰收。婚后不久，他便凭借满腹经纶连连升官，从最初的从四品一路做到翰林学士，官居一品，夫人管道昇也凭借夫贵被封为魏国夫人，世称"管夫人"。管道昇不仅画竹水平高，书法成就也为人所称颂，想来这真是嫁对了郎，她后来能与东晋的女书法家卫铄"卫夫人"并称为中国历史上的"书坛两夫人"，想来赵孟頫也是功不可没的。

按照童话故事的套路，公主与王子相遇后，从此肯定就是幸福地生活在一起了。可万一哪天公主人老珠黄了，王子心里会不会有别的想法了呢？生活可远比故事精彩。

赵孟頫与管道昇结婚后，和所有的夫妻一样也闹过别扭，不过毕竟是才子才女，即使闹点别扭也往往与众不同。话说这夫妻二人结为连理已有二十余载，有道是"花无百日红"，人到中年的管道昇终究是被岁月消磨了月华水色，已是"容貌一衰难再好"。在那时，男人纳妾是再平常不过了，同朝为官者谁不是姬妾成群，这让赵孟頫的心中越发失衡，几次暗暗透露出想要纳妾的意思，但是管道昇始终不置可否。一日宴饮之后，赵孟頫想起席间朋友微微露出的调侃之意，借着酒劲，直截了当地写明了自己的意思：

> 我为学士，你为夫人，岂不闻王学士有桃叶桃根，
> 苏学士有朝云暮云。我便多娶几个吴姬越女无过分，
> 你已年过四旬，只管站住玉堂春。

赵孟頫在诗中自比古人，说王献之有两个小妾桃叶、桃根，苏东坡也有两个小妾朝云、暮云，所以我娶几个小妾也不过分，反正又不影响你的正室地位。

管道昇看到此诗后没有选择一哭二闹三上吊的戏码，她知道喜新厌旧几乎是男人的通病，自己虽为才女，如今人老珠黄，终究逃不过新人换旧人的下场，心中酸楚难以言表。她行至案前，铺纸研墨，望了一眼花瓶内红妆残败的桃花，缓缓写下：

> 你侬我侬，忒煞情多，情多处，热如火。把一块泥，
> 捻一个你，塑一个我。将咱两个，一齐打破，用水调和。
> 再捻一个你，再塑一个我。我泥中有你，你泥中有我。
> 与你生同一个衾，死同一个椁。

写毕，泪流满面的管道昇亲自将字笺送至赵孟頫的书房，静静等待着未知的结局。其实赵孟頫不过是借着酒劲才敢那样说，酒醒之后心中早已七上八下，回想起以往的恩恩爱爱，自然难舍发妻，再见了这首至情至性的《我侬词》，心下顿时懊悔不已，发出"有妻若此，夫复何求"的叹息，自此不再提及纳妾之事。两人还把这字笺工整地誊写下来，贴在案旁，时时引为笑语，再无嫌隙。大概管道昇也没想到，几百年间，这首至情至性的小词被世人广为传颂，她与赵孟頫之间的故事也随之留在了历史的记忆里。

三、断桥边的记忆

纵观赵孟𫖯的一生，他出仕后，一直在做官和辞官归里间徘徊。据说他在京都履职时，多有水土不服的症状。这是可以想见的，就算是今天，南方人去北方，往往也多有不适，还是这方生养自己的水土最惬意。有道是月是故乡明，对于出生在湖州的赵孟𫖯来说，江南的山山水水是融进骨子里的眷恋。除了家乡湖州之外，杭州是他待得最久，也是他最钟情的。关于家乡，他写过著名的《吴兴赋卷》，画过《吴兴山水图》《苕溪渔隐图》等名画，吴兴的家也是毁了又建。夫妻百年之后，他选择落叶归根，合葬于湖州德清县千秋乡东衡山。

那么，自赵孟𫖯幼时起便时常前往的杭州呢？那时的杭州还是南宋的都城，这座历代文人墨客都不吝溢美之词的都城在赵孟𫖯的心里又镌刻下了怎样的记忆？那时的他作为赵家王孙，还可以自由出入宫廷，也曾去过权臣贾似道那座有名的"后乐园"，欣赏各种珍稀书画藏品。况且杭州自古便有人间天堂的美誉，文人骚客在此驻足留恋甚为常见。西湖边的那些碑文、旧居、小亭便是最好的证明，哪怕是苏堤、白堤，背后也藏着一段段文化见证。

赵孟𫖯在杭州任职时，想来也不免会生出"风景旧曾谙"这样的感慨吧，这里有着他一生中最为美好的一段回忆。天高皇帝远，上班之余，友人、下属及晚辈等到他的寓舍谈古论今、泼墨作画、写字喝茶，这样的日子是何等的惬意。

杭州于赵孟𫖯而言，是湖州之外最亲切的所在，这片山山水水里有他太多美好的记忆。至元二十七年（1290），赵孟𫖯从京城寄诗给在杭州的鲜于枢：

脱身轩冕场，筑屋西湖滨。

开轩弄玉琴，临池书练裙。

雷文粲周鼎，鹿鸣娱嘉宾。

诗中充满了对在西湖边生活的美好憧憬，羡慕朋友们可以居于湖畔、切磋技艺、品诗鉴画、饮酒作乐……于是，心动不如行动的赵孟𫖯终于在八年后又跑到了西湖边，据陶宗仪《辍耕录》记载，赵孟𫖯在公元1298年的二月二十日，与赵汉臣、费北山泛舟西湖，到茅家埠上岸，游水乐洞，还入寺访亲。

大德三年（1299），赵孟𫖯被任命为集贤直学士行江浙等处儒学提举，如愿以偿地常居江南。好友鲜于枢也在杭州当官多年，赵孟𫖯曾与他及周密、仇远、戴表元、邓文原等好友在西湖边畅谈，谈艺论道，挥毫泼墨，好不惬意。鲜于枢在杭州的府第"困学斋"更是常常高朋满座，吸引着赵孟𫖯等一众志同道合的江南才俊在此畅谈，赵孟𫖯在杭州过了一段与世无争的宁静生活。回望历史，那该是怎样一番令人艳羡的场景啊。后来，鲜于枢辞官，归隐西湖，于五十七岁那年亡故。赵孟𫖯听闻报丧，连夜乘船赶到杭州，提笔哀痛失声："子敬子敬，人琴俱亡。"

入仕元朝后，前后约有十年时间，赵孟𫖯是在杭州做官的。他留下的作品中落款处提及的车桥寓舍，便是他在杭州的家。而杭州也到处留下了他生活的足迹。西湖断桥的左边曾有一块碑，名为《杭州福神观记碑》，乃是赵孟𫖯六十七岁（元仁宗延祐七年，公元1320年）所书。只可惜此碑已佚，唯此墨迹存世，令人怅惘。众所周知，赵孟𫖯善篆、隶、真、行、草书，其中尤以楷、行书著称于世。他独创"赵体"，与欧阳询、颜真卿、柳公权并称为"楷书四大家"。此碑碑文乃元代文学家邓文原撰文，赵孟頫以其最为人推崇的楷书写就，记述了道教领袖张惟一委派崔汝晋重建位于西湖断桥之侧的福神观之始末。

这篇碑文是赵孟頫晚年的作品，被赞为"已臻'人书俱老，炉火纯青'的境界"。作品以乌丝界栏，字体主要取法唐代李邕，参以己意，书风遒媚秀逸，用笔浑厚圆熟。全文七百余字一气呵成，从中可窥见其功力非凡。

《红楼梦》里，贾母的大丫鬟鸳鸯说：什么叫好话（画）？宋徽宗的鹰和赵子昂的马。在绘画上，赵孟頫开创了元代的新画风，被称为"元人冠冕"，提及他的绘画，那就不得不说说他在杭州留下的几幅作品了。

赵孟頫与管道昇合绘的作品并不多，大多为小幅或手卷，所以他们合作的一幅《鸥波亭图》就更显得弥足珍贵了。此画作于夫妇二人盛年又悠闲之时，笔法精妙。两人分工明确，此图左上角题"鸥波亭图。大德八年春三月作，子昂"，钤"赵氏子昂"印，左下角题"甲辰四月既望，管仲姬写竹"，钤"魏国夫人赵管"印。

创作这幅作品的时候，赵孟頫所担任的官职属于管理文教的闲散职务，也正是如此，他有更多时间醉心于书画艺术，而且这个阶段夫妇二人正值盛年，正是创作力最为旺盛的阶段。画中所绘山水、人物、亭台、树石等，反映出赵孟頫各科兼擅且已达精妙的高超技艺。从题记里可看出，此作并非同一时间完成，但画中所有景物浑然一体，从中可以看出夫妇二人配合默契，琴瑟和鸣，珠联璧合，堪称绝配。此作经各路收藏家秘藏，后来流落民间，后经时任故宫博物院副院长杨新先生鉴定为真迹，并发出"性命可轻，此宝难得"的感慨，其在今天依然保存完整，实为难得。

杭州风华 **HANG ZHOU**

鸥波亭图
大德八年春三月作子昂

〔元〕赵孟頫、管道昇《鸥波亭图》

元成宗大德八年（1304）三月，时年五十岁的赵孟頫与黄溍等44人会于杭州南山，饮酒泛舟于西湖之上。念及不远处的故乡吴兴，赵孟頫一时兴起，提笔画下了故园鸥波亭。具体来欣赏一下画中的情景：青松绿竹掩映下的两层小亭立于山旁，亭内有两位蓄须男子，仪态悠然。画中人之一是赵孟頫本人，另一位是其挚友、被称为"东南文章大家"的戴表元。当年江南学子被举荐前往大都应选，集合地便在杭州。到了杭州，赵孟頫与戴表元相约西湖边。两人皆是经历宋灭元建的人，彼时有不少宋末文人不肯应仕，戴表元也是其中一员，他辗转鄞县、杭州等地，以授徒卖文为生，后经人推荐担任一些修志的文字工作，在仕途上并不上进，晚年更仅以读书吟诗以终。他当初便告诫赵孟頫，一旦入仕，恐为他人诟病，并提笔写下《招子昂饮歌》，中有"从今作乐拼醉倒，与君相逢难草草"之句，其意不单是自勉，也是劝诫赵孟頫要远离仕途。以赵孟頫之才，当然懂得好友的意思，此后似乎也未多用心于仕途，而是倾注更多心血于艺术创作之中。其实，从对中国历史的影响而言，赵孟頫无论在政治上再怎么努力，也无非是多一个出色的政客而已；而他在艺术创作上的每一次努力，都对中国艺术的发展产生了重大影响。中国社会发展从来不缺少赵孟頫这样的文人从政者，但缺少了赵孟頫的中国艺术殿堂，肯定会减弱几分光彩。

多年过去，戴表元已是六十多岁的高龄。《鸥波亭图》中的两人皆已垂垂老矣，如今赵孟頫故地重游，想起好友当初那番话又会是怎样的一种心境。

对于杭州，赵孟頫有着太多的记忆，杭州也留有他很多的足迹和记录，方回在《桐江续集》中说，大德九年（1305）三月十五日，赵孟頫、方回等人与四位外国僧人一起游杭州灵隐寺，在冷泉亭聚饮。

赵孟頫还去过岳庙，有怀古七律《岳鄂王墓》诗为证：

鄂王坟上草离离，秋日荒凉石兽危。
南渡君臣轻社稷，中原父老望旌旗。
英雄已死嗟何及，天下中分遂不支。
莫向西湖歌此曲，水光山色不胜悲。

诗句中表达了赵孟頫对岳飞不幸遭遇的深切同情，有为岳飞蒙受冤屈而死的叹息，甚至大胆谴责了南宋君臣苟安误国，流露出深沉的故国之思。以他当时所处的环境而言，表达这样的情感着实不易，文人的骨气与血性表露无遗。

赵孟頫在杭州不仅过得惬意，还有意外收获。至元二十一年（1284）五月，他外出时竟在杭州的一间书铺意外访得《淳化阁帖》祖本第二、五、八卷，正是从贾似道府中流出的珍贵藏本。第二年又有幸寻到第一、三、四、六、七、十卷，后又与人换得独缺的第九卷，终于合成全帖。《淳化阁帖》乃是中国最早的一部汇集各家书法墨迹的法帖，收录了中国先秦至隋唐一千多年的书法墨迹，包括帝王、臣子和著名书法家等103人的420篇作品，被后世誉为中国法帖之冠、"丛帖始祖"。赵孟頫曾说："书法之不丧，此帖之泽也。"赵孟頫一生钟情《淳化阁帖》，时常观摩、临抚，直到六十一岁时临尽全部十卷，极为用功。此事也成为后人津津乐道的一段佳话。

喝茶、练字，再不就是下围棋，似乎就是中国文人身上最显著的标签了。赵孟頫作为大师级的人物，书法当属一绝，对饮茶自然也有大师级的品位。为解这一点口腹之欲，这位书法大家也为世人留下了一段佳话。

杭州似乎有种让人静心的魔力，赵孟頫在杭为官期间曾潜心向佛，并与杭州的诸位高僧常有往来，如今灵隐寺还悬有他书写的"灵隐学堂"匾和"龙涧风回，万壑松涛连海气；鹫峰云敛，千岩桂月印湖光"的楹联。除了题字，抄经也是他向佛的一种虔诚表现，赵孟頫大量的书法作品中，抄经是其一项重要的功课。据说在他的一生中，抄录了大量的佛教经卷，这从他留存于世的手抄佛经作品中便可见一斑。现存的赵孟頫手抄佛经作品中，仅抄写《金刚经》就有十一次，共十二册。而像《摩诃般若波罗蜜多心经》《圆觉经》《无量寿经》等佛教传世典籍，他也都抄写过多次。喝茶、抄经，原也不过是赵孟頫作为文人雅士的一个喜好罢了，但这位赵才子却拿着自己抄的经书去换茶喝，倒也不失为一桩雅事。

据传，当时与赵孟頫交情最深的高僧，应该是中峰明本大师。赵孟頫与中峰明本堪称是元代文坛和佛教的两大领袖。明本（1263—1323），俗姓孙，号中峰，法号智觉，系西天目山住持，钱塘新城（今杭州市富阳区新登镇）人。明本能诗善曲，在文学上有相当高的造诣，其诗歌创作特别出色。当时的著名散曲家冯子振名极一时，据说他瞧不起明本，明本即约上赵孟頫一起拜访冯子振。冯子振出示《梅花百韵诗》，明本接过匆匆一览，当即"走笔和成"，并出示自己所作的《九言梅花歌》。冯子振读罢大为惊叹，从此二人成为至交。

明本小赵孟頫九岁，但赵孟頫对明本执礼甚恭，两人时常在天目山山中的茅棚里吃茶参禅，相谈甚欢。明本善于品茶也藏有好茶，赵孟頫常去他那里求取一杯好茶喝，明本却说欲喝好茶，就要为他抄经。明本知道赵孟頫的字称得上是价值千金，就想为难一下老朋友。不过赵孟頫太想品尝好茶，而且他和明本是多年好友，既为知己，抄经又有何妨，遂一口答应。

当然，此事并非以讹传讹，而是有理有据的。这一切得从赵孟頫手书《摩诃般若波罗蜜多心经》（简称《心经》）长卷说起。此作现藏于辽宁省博物馆，这幅字的落款，有"弟子赵孟頫奉为本师中峰和尚书"之语，说赵孟頫为了得到高僧的茶叶，而手抄《心经》与之交换。这其实也不稀奇，毕竟前有爱鹅的王羲之用自己所写的《黄庭经》与人换鹅，而爱吃肉的东坡先生也用自己的字换肉吃，有这些珠玉在前，赵孟頫写字换茶可见并非无稽之谈。后世有人据此佳话绘图卷以传世，其中最著名的当属明代大书画家仇英、文徵明合作的《赵孟頫写经换茶图卷》，此为国画、书法合璧之作，现藏美国克利夫兰美术馆。

虽然赵孟頫手抄《心经》的数量已无从考证，但存世的不多，而且这卷写给明本换茶吃的《心经》的价值更是高于其他几幅。自北朝以来，很多佛教信徒自己写经或雇人写经以为功德，但所写经卷均用楷书，赵孟頫用行书写《心经》，在写经史上是一个创举。此作运笔自如，如行云流水，高雅至极。

这幅《心经》到底价值几何，我们也只能从赵孟頫

〔明〕仇英、文徵明《赵孟頫写经换茶图卷》（局部）

的其他《心经》作品那里参照一二了。2017 年年末，轰动一时的"仰之弥高——中国古代书画夜场"曾以 1.9 亿元的价格成交了当时唯一一幅在市面上流通的赵孟頫《心经》作品，这件国宝级藏品也最终被甘肃天庆博物馆收藏。按照该幅作品上的字换算，一个字便高达 190 万元，何止是一字千金！

四、书画双绝

如果赵孟頫能够穿越的话，最想去的朝代应该不是晋朝便是唐朝，再精准一点，最想去的当是晋朝王羲之在的时期，这样他就能当面向书圣讨教、切磋一番了。如果去唐朝，最好是李世民发现《兰亭集序》那会儿，说不定他就会拼命当官，以求能够跟前辈褚遂良一样在皇帝身边，那就有机会见到梦寐以求的《兰亭集序》了。

赵孟頫也是王羲之书法的超级迷恋者。很多人只看到了赵孟頫的书法成就，没看到成就背后的汗水。他五岁开始学习书法，十分刻苦，几乎没有一日停歇，直到临死前还在观书习字，可以说他对书法的酷爱达到疯魔的程度了。一开始他学习的是钟繇、褚遂良的书法，当这些人的作品已经满足不了自己的学习需求时，他开始深入研习王羲之、王献之等人的书法，开始狂练王家的字，他主要临摹的对象，一个是王羲之的《兰亭集序》摹本，一个是王羲之七世孙智永和尚的《千字文》，从中领悟书法的精髓。据史料记载，赵孟頫小时候一天要写上近五百张纸。他实在太爱《兰亭集序》了，穷其一生临摹了数千遍，毫不厌倦，因此，后世也就流传了很多个版本的赵孟頫临摹的《兰亭集序》。

除了每日练字之外，赵孟頫一生的心愿就是能见一见《兰亭集序》的真迹，但真迹在唐太宗墓被盗遗失之

赵孟頫的《兰亭序十三跋》真迹已毁，此为首拓本

后便已不知所踪。见不到真迹，他开始不断地搜集《兰亭集序》的各个版本，到老都不停止。在他五十七岁那年，意外从一位名叫独孤淳朋的友人那里得到了一本《宋拓定武兰亭》，这可把他高兴坏了，爱不释手，日日临摹，让"赵体"达到了一个新的巅峰。天道酬勤，这样努力的人不成功谁还能成功？在拿到这版《兰亭集序》后，自九月五日至十月七日，他先后写下了十三段跋文，这就是举世闻名的《兰亭序十三跋》。《兰亭序十三跋》其实就是老年赵孟頫的"炫富"心理的外在表露，痴爱了一辈子兰亭，总算得到了最爱的"定武版"，实在太开心了，忍不住嘚瑟一番。

作为一位善写篆、隶、真、行、草书，尤以楷书、行书著称于世的全才大家，赵孟頫在我国书法史上那绝对是响当当的人物，他的书法笔力遒劲中带有秀逸、清爽、结构严整、笔法圆熟，《元史》本传中说："孟頫篆、籀、分、隶、真、行、草书无不冠绝古今，

遂以书名天下。"他的书法对于明清的书法有极大的影响，时至今日，那些有一定功底的书法爱好者也多以他的字帖为临摹的范本。

赵孟𫖯早年就留意收集碑帖，他在诗文、书法、绘画、金石、篆刻各方面都很在行。一个人要把这些艺术门类都学一遍尚且不易，更何况是样样精通。除了他的超强大脑，也不禁让人好奇，这人到底是有多闲？毕竟学艺术是又花时间又费钱的事。

当然，赵孟𫖯原本就是个官二代，只可惜在他十二岁时，任户部侍郎兼知临安府浙西安抚使的父亲就去世了。于是，赵孟𫖯便提早踏入社会，补了父亲的荫官，任真州（今江苏仪征）司户参军，在南宋做了九年的官。在他二十三岁那年，蒙古军兵临临安，他辞职回到老家。南宋灭亡之后，赵孟𫖯赋闲在家，后来又在元朝当了官，也因此被当时的一些人说成是屈膝变节的儒士代表。他的内心也不好受，在延祐三年（1316）写下了《自警》这样一首诗：

> 齿豁童头六十三，一生事事总堪惭。
> 唯余笔砚情犹在，留与人间作笑谈。

可能正是出于这样的心态，尽管被元朝皇帝器重，赵孟𫖯对于仕途却始终不怎么用心经营。仕宦生涯的后期，他为了躲避朝廷的内部矛盾，直接借病乞归。无心官场，也让他的人生有了更多闲暇的时光用来提升书画技艺。

赵孟𫖯传世的作品不少。《书欧阳修秋声赋》运笔流畅洒脱，结构丰融委婉，深得"二王"神韵，现收藏于辽宁省博物馆。现收藏于上海博物馆的行书作品《归

长风吹送书画船
HANG ZHOU

去来辞》，作于大德元年（1297），卷前有其弟绘的一幅陶渊明像，并写有题记。这幅作品以行书为主，间以草书笔法，用笔珠圆玉润，婉转流美，神气充沛。

而被誉为"天下赵碑第一"的《三门记》，是他晚年的代表作。学习书法，临摹得再像亦不过是临摹，赵孟頫经过大半生的研习，已将各家精髓要领铭记于心，运于笔端时已是集众家之所长，不拘一格，自成一家。他落笔如行云流水，情到笔到，用笔多方，在结构上融入唐代李邕、徐浩等前辈的书法特色，整体给人以遒劲、稳健、缜密之感，却又不失自然、疏朗之意，其晚年的书法已达出神入化之境。

对于极为喜爱的杭州，赵孟頫自然是不吝啬的。他在杭州留有两件重要的墨宝，其一是《佑圣观重建玄武殿碑》，讲的是佑圣观创建的历史和重修的经过，采用了篆书和楷书两种字体，并在两种字体间随意切换。篆书的碑额酣畅飞劲，圆润柔美；楷书的碑文写得秀劲刚强、纯熟老辣，颇有点炫技的意思。底下是规整的落款："中顺大夫、扬州路泰州尹兼劝农事赵孟頫书并篆额。"

除书法独秀于元代书法界之外，他还是元初画坛的领袖，开启了元代绘画新风。而且当时的赵孟頫家，无论男女老幼，甚至他们家的亲戚都极善画且画工出众，山水石竹样样精通。赵孟頫在绘画上的成就不弱于书法，他的绘画作品中又以水墨山水画的影响最大。他在技法上用书法的笔法作画，注重表现笔墨意趣。比如他的《水村图》，就是用淡墨干皴的技法描绘江南水乡，展现的是烟雨之中的山峦、小村、疏柳、杂树、渔舟等景物。这幅画具有元代山水画萧疏淡远的特征，是元初山水画的代表。明代画家董其昌评价这幅画时说："此卷为子昂（孟頫）得意之笔，以其萧散荒率，脱尽董、巨窠臼。"

赵孟頫在这幅画上的自题是"大德六年十一月一日为钱德钧作，子昂"，下钤"赵氏子昂"朱文印记。大德六年是公元 1302 年，那年赵孟頫四十九岁。

纸本设色的《鹊华秋色图》是赵孟頫最具代表性的山水画作品，以平远法构图，笔法清秀，设色清淡，意境清幽，描绘了济南东北郊外鹊山一带的秋景。至于纸本设色的《红衣罗汉图》则是赵孟頫学习唐代人物画的代表作，画中一位身穿红色袈裟的罗汉神态安详地盘腿坐在大树下的青石上，似乎在讲经说法，非常生动形象。

除了绘画，赵孟頫还为杭州留下了不少诗句，如他对西湖美景有过这样生动的描绘：

春阴柳絮不能飞，雨足蒲芽绿更肥。
正恐前呵惊白鹭，独骑款段绕湖归。

所谓"款段"本来指的是马行走得很缓慢，这里代指马。不愧为大画家，写的诗也充满了画面感，抒发了对杭州和西湖的发自内心的热爱。

赵孟頫在杭州时还去过风景秀美的西溪湿地，很是喜欢，便画了一幅《西溪图》，并赋《题西溪图》一首。诗是写他的好友鲜于枢的：

君独何为甘寂寞，坐对山水娱清晖。
西溪先生奇崛士，正可着之岩石里。
数间茅屋破不修，中有神光发奇字。
绿翠齐叶白芒生，送君江南空复情。
相里万里不可见，时对此图双眼明。

自从赵孟頫画了这幅《西溪图》之后，西溪的风景便吸引了不少慕名而来的人，越来越多的画家将西溪的美景收入自己的画作之中。

大德五年（1301）秋，赵孟頫看到杭州画家陈琳画的《溪凫图》，一时手痒，为这幅图添笔着墨补景，并题跋："陈仲美（即陈琳）细作此图，近世画人皆不及也。"署名"子昂"，二人合作，也算是一件美事。这件佳品，现收藏于台北故宫博物院。

至于赵孟頫的临终绝笔，据说写的是杜甫的《秋兴八首》，这是杜甫的代表作，赵孟頫在二十八岁时就写过，晚年的他对杜诗有了更为深刻的理解，所以这一次的用笔更为老辣，落笔虽然圆润，却力透纸背，每个字都筋丰骨健、气韵生动，给人以气定神闲、老衲诵经之感。赵孟頫自题曰："此诗是吾四十年前所书，今人观之未必以为吾书也。子昂重题。至治二年正月十七日。"这一年赵孟頫六十九岁，据说他写完《秋兴八首》后不久就撒手而去。一代书画天才，可惜没能活至古稀之年，大概是上天看到如此才华，迫不及待地要他到天上给众仙创作去了吧！嗟夫！

> 东南都会帝王州，三月莺花非旧游。
> 故国金人泣辞汉，当年玉马去朝周。
> 湖山靡靡今犹在，江水悠悠只自流。
> 千古兴亡尽如此，春风麦秀使人愁。

这首诗是赵孟頫的《钱唐怀古》，如今每天不知有多少人在西湖游览，又不知有多少人在博物馆观赏赵孟頫的作品，但又有多少人能真正体会到赵孟頫诗歌中的"兴亡之叹"，看得懂他画作中的深刻意蕴呢？

五、与鲜于枢的友情

后世皆说赵孟頫的书画堪称一绝，但他并不是遗世独立的，也有不少如伯牙遇子期这样的知音。如比赵孟頫虚长几岁的元代著名书法家鲜于枢，两人虽以知己好友相交，但鲜于枢也算得上是赵孟頫的伯乐，是最早买他书画的人。两人当初在扬州官舍相识，一见如故，此后相交二十余载。

赵孟頫与鲜于枢不仅互相欣赏，而且经常互相切磋技艺，多有合作。因为痴爱西溪，赵孟頫戏称鲜于枢为"西溪先生奇崛士"。鲜于枢死后葬在西溪，其墓位于今杭州西溪路原苗圃内（杭州城西森林公园）。1989年，鲜于枢的墓重见天日，不过里面只出土了14件砚台、印章等随葬品，都为文房之物。

鲜于枢，字伯机，晚年营室名"困学之斋"，自号困学山民，又号寄直老人。他爱好诗歌和古董，以书法最为著名，工真、草书，尤以草书闻名。《西湖志》记载："终元之世，书法以赵孟頫、鲜于枢为巨擘。"鲜于枢擅长悬腕作字，喜用狼毫，注重字的骨力。他的行书结构严谨，字体饱满，潇洒自然；楷书大字雄逸健拔，圆润遒劲，气势磅礴而不失规矩；草书学习怀素又加以变化，笔法自然，气势恢宏。

鲜于枢一生坎坷。至元年间，他因才华横溢，被选为浙东宣慰司经历，后来任江浙行省都事，官至太常寺典簿。鲜于枢有北方人的慷慨、豪气，身材魁梧，胡须浓重，朋友们称其为"髯公"。他个性耿介，自负且随意，不肯曲意逢迎，这样的人在官场中根本吃不开，也注定难以升迁。他先后辗转于汴梁、扬州、杭州、金华等地，担任一些中下级官职，曾三次去官或遭贬。元代诗人戴表元记录过一则鲜于枢的职场故事："意气雄豪，每晨出则载笔，续与其长庭争是非，一语不合，辄飘飘然欲置章绶去。"这样的性格，确实不适合官场，所以他时常赋闲在家，倒也多了研习书法技艺的时间。

鲜于枢三十七岁后定居杭州，于西湖边筑"困学斋"，著有《困学斋杂录》。大德六年（1302），他被授予太常寺典簿，但还没上任就病逝了，年仅五十七岁。

鲜于枢的性格不合适官场，但很对赵孟頫的脾性，无心仕途且趣味相投的两人一见如故。他们相识于至元十五年（1278）左右，之后交往二十四年之久。赵孟頫原话就说两人的交往是"契合无间言，一见同宿昔"，"书记往来间，彼此各有得"。在鲜于枢眼里赵孟頫是"神情简远，若神仙中人"。

两人的情谊好到估计管道昇要吃醋的地步。赵孟頫曾在《次韵端父和鲜于伯几所寄诗》中有"百年底用忧千岁，一日相思似几秋"的诗句。尽管两人都在仕途上南北奔波，但一有机会总要聚会，谈文说艺。尤其是赵

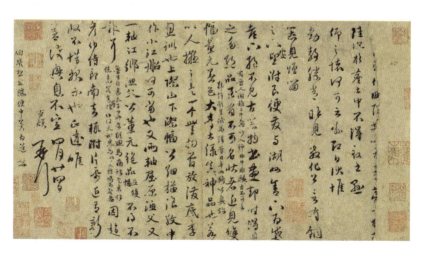

〔元〕赵孟頫《致鲜于枢尺牍》（局部）

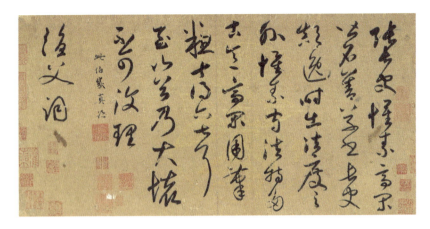

〔元〕鲜于枢《草书帖》（局部）

孟頫因病在吴兴休养以及在浙江儒学提举任上的时候，二人往来更是密切。

两人在书坛的地位相当，又互相欣赏，真可谓是惺惺相惜。赵孟頫曾说过，"余与伯几同学草书，伯几过余远甚，极力追之而不能及，伯几已矣，世乃称仆能书，所谓无佛出称尊尔"，"困学之书，妙入神品，仆所不及"，觉得自己的书法比不上鲜于枢，虽有自谦之意，但也能看出他对鲜于枢书法水平的推崇。毕竟在赵孟頫沉迷于宋高宗的书法时，是鲜于枢"令其从右军入手"，自此赵孟頫的书艺大进。

鲜于枢痴迷西溪，时常游览，曾作《元和令》一首："粳米炊长腰，鳊鱼煮缩项。闷携村酒饮空缸，是非一任讲。恣情拍手棹渔歌，高低不论腔。"反映的便是当时的生活。

他在西溪建的"霜鹤堂"成为当时名流墨客聚集之所。参加集会的人既有宋朝的遗民如周密等，又有元朝的官吏如乔簣成、仇锷等；既有书画名家如赵孟頫等，又有收藏家如张谦等。他们品鉴各自的书画收藏品，一次次高规格的艺术交流，既能提升鉴赏品位，又能学习新的技艺。比如大德二年（1298）二月二十三日，赵孟頫、霍肃、郭天锡、周密等 12 人相聚于鲜于枢家中的雅集，他们品鉴的作品便有王羲之的《思想帖》、郭宗恕的《雾霁江行图》等。好东西看得多了，品位自然也上来了。

况且对于赵孟頫与鲜于枢来说，他们本就推崇晋人书法，皆以王羲之为最。对《眠食帖》，赵孟頫题云："此帖章草，奇古雄强，精神逼人。"鲜于枢则说："右军云：吾书比之钟张，钟当抗行，或谓过之。张草犹当雁行。观此，乃知右军之言诚为过谦。其余则子昂书法已竟，不需重说偈言也。"可见两人观点基本一致。也许正因如此，促成了两人的多次合作。

赵孟頫与鲜于枢合作了草书《千字文》等杰作。在创作《千字文》时，鲜于枢负责前段，即写至"多士实宁"止，赵孟頫续补，两人书写风格都尽力依照"二王"之法，所以整卷浑然天成，成为草书法帖的杰作。

不仅如此，两人的书风还互相影响，在鲜于枢的《御史箴卷》中，从结字到用笔都呈现出浓厚的赵氏风格。

鲜于枢传世的墨迹有四十余件，分为楷书、行书、草书三大类，代表作有《苏轼海棠诗卷》《韩愈进学解卷》《论草书帖》《老子道德经卷上》《行次昭陵诗》等。鲜于枢的草书代表了他最高的艺术成就，其中的两本《石鼓歌》是被公认的稀世珍品。两本《石鼓歌》均为纸本，其中一本款署"大德辛丑夏六月"，也就是鲜于枢去世前一年的作品。《石鼓歌》乃是唐代诗人韩愈的作品，鲜于枢在去世前一年写这幅作品时选择用笔中锋直下，毫芒稍敛，雄放恣肆，笔力遒劲。整篇的谋篇布局章法严谨，通卷一气呵成，酣畅淋漓又蕴含森严的法度。行草相间，既有"二王"和《十七帖》的风致，又有唐人孙过庭、怀素等人的笔韵，无一笔不精熟，循法度而有变化，能出己意，无数十年苦练的功力，实难为之，是鲜于枢草书的集大成之作，只可惜这样的的传世珍宝流落海外，现收藏于美国大都会博物馆。

第九章

诗书双绝

——狂放不羁杨维桢

一、东南诗坛盟主

唐玄宗天宝年间，安禄山、史思明发动叛乱，不久兵临长安，唐玄宗匆忙带着最为宠爱的杨贵妃及皇室成员，逃亡蜀地。途经马嵬驿（位于今陕西兴平西约 10 公里处）时，士兵哗变，进行兵谏，将这场叛乱归咎于杨贵妃，要求诛杀贵妃，以谢天下。唐玄宗被逼无奈，只能同意，杨贵妃被高力士缢杀于佛堂梨树下。这个故事被演绎传说了不知道多少版本，但有段小插曲倒不是人人皆知的。

传说，杨贵妃死后就地安葬于马嵬驿路旁，唐玄宗痛失爱妃，在返回长安的途中想去看看杨贵妃的坟，并打算将她的坟迁葬回长安。去到马嵬驿才发现贵妃的尸骨及随葬遗物踪影全无，所以后世出现了很多关于杨贵妃下落的猜测。

但杨贵妃并不是什么都没留下，她的遗物是一只袜子。据说杨贵妃被害的当天，居住在马嵬驿附近的一个老太太，捡到了杨贵妃遗落的一只织锦高筒袜子。这事好像也不是无稽之谈，因为唐代藏书家冯贽在《记事珠》一书中也有记载："杨贵妃死之日，马嵬媪得锦袎袜一只，

黄公望为好友杨维祯所绘《铁崖图》

遇过客，一玩百钱，前后获钱无数。"意思是这位颇具商业头脑的老太太将这只袜子作为生财工具，给沿途的过客观赏、把玩，每次收费一百钱，大发横财，获利颇丰。后来，北宋地理学家、文学家乐史在《杨太真外传》中也有类似记载。而当事人之一的李隆基也有一首《又作妃子所遗罗袜铭》的诗，都佐证了杨贵妃的遗物为一只袜子，这只袜子就是被后世称为"杨妃袜""马嵬坡袜"的著名袜子。

后世的文人墨客也有较多吟咏"杨妃袜"的诗作。其中比较出色的一首是元代诗人杨维桢的《杨妃袜》："天宝年来窄袎留，几随锦被暖香篝。月生帘影初弦夜，水浸莲花一瓣秋。……"特别是后两句用初月和莲花来比喻脚的可爱，比喻杨妃袜的珍贵，用词华贵，令人拍案叫绝。这充分说明杨维桢"诗坛领袖"的称号绝非浪得虚名。

杨维桢以"铁崖体"驰骋诗坛，是元末文坛泰山北斗式的人物，有人称其为"一代诗宗"，也有誉其"以横绝一世之才，乘其弊而力矫之"，当代学者杨镰更称其为"元末江南诗坛泰斗"。

杨维桢生于元成宗元贞二年（1296），卒于明太祖洪武三年（1370），字廉夫，晚号东维子。杨维桢生在诸暨枫桥镇东部的铁崖山下一个名叫全堂的山村里，因此自号"铁崖"，加上他好音律，平生好吹笛，所以他众多别署中不乏铁崖山人、铁龙道人、铁笛道人等雅号。杨维桢晚年隐居金山亭林（今上海金山区亭林镇），曾亲手种下一棵罗汉松，至今仍傲立于亭林"古松园"内，被称为"铁崖松"，为"亭林八景"之一。

元末明初享誉诗坛的著名诗人顾瑛，常在昆山历史上最显赫的私家园林，也就是他的私宅玉山草堂雅集（即举行文学交流活动，包括饮酒赋诗题咏）。玉山雅集与东晋成就王羲之"天下第一行书"的兰亭雅集、北宋成就李公麟"宋画第一人"的西园雅集并称为中国历史上的三大雅集。据记载，玉山雅集前后长达十数年，雅集多达五十余次，参与人数上百，是元代历史上规模最大、历时最久、创作最多的诗文雅集。清初钱谦益《列朝诗集小传》有"玉山草堂留别寄赠诸诗人"的名单，里面包括柯九思、黄公望、倪瓒、杨维桢、顾阿瑛、王蒙等37人，《草堂雅集》中所收的唱咏的诗人有80多人，以其诗酒风流的宴集唱和，被《四库全书总目提要》赞为"文采风流，照映一世"。而杨维桢一直是玉山草堂雅集的主盟人物，《明史》对他曾有"出入少陵、二李间，有旷世金石声"之评。

杨维桢的成才，并非全然凭借天赋，虽然对于现在而言，这样说可能有些不适合，但他的成功确实离不开父亲杨宏的严厉。早年，杨维桢的伯父杨实辞官回家，为了更好地培养后代，聘请了当世名儒陈敢给杨家子孙授课，家族里的适龄儿童都在这位老师的教诲下刻苦诵读子史经传，滴漏计时，满分为度；冷水沃面，寒暑不辍。

年少的杨维桢因才名被乡里举荐参加乡试，但他父亲拒绝了。他可能是觉得自己的儿子读的书还不够，正在酝酿一个伟大而奇特的计划。为了让孩子专心读书，杨宏在村南那座石骨高耸的铁崖山上建了一栋楼，并把家中的数万卷藏书搬入楼中，在楼的四周种上了百余株梅花，将年少的杨维桢和从兄杨维翰（字子固，号方塘，元末画家）一起带去楼上读书，然后抽去楼梯，让他们吃住在楼内，一日三餐、生活所需都用辘轳从楼下吊上去。两人闭户攻读、写诗作文，基本上隔绝了童年的玩乐时光，在楼上一呆就是五年，终日勤读，终于学有所成。正因这段经历，杨维桢便以"铁崖"自号。

杨维桢自幼聪慧，能"日记书数千言"，乡里诸老常说他前途不可限量。杨宏鼓励儿子读万卷书更应行万里路，为了让年少的杨维桢增长见识，杨宏卖掉家里仅有的一匹马，供他去四明游学。杨维桢一路节俭，却用剩下的资费买了当时极为难得的《黄氏日钞》等书，杨宏不仅没有责备他，反而赞许地说："这些书的收获，不是比一匹马更有价值吗？"杨维桢就是在这样有着浓厚的重视学问的家庭氛围里成长起来的。

杨维桢在诗、文、戏曲方面均有建树，在元末文坛独领风骚四十余年。不仅在艺术上成就斐然，他还博古通今，据说在至正年间，元朝主持修纂辽、金、宋三史时，为正统之事争论不休，他便写了著名的《三史正统辨》一文进献朝廷，共二千六百余言，用大量的史实证明了元当承宋的观点。当时的修史总裁官欧阳玄见后赞叹曰："百年后，公论定于此矣。"只可惜据《南村辍耕录》卷三记载："初，会稽杨维桢尝进《正统辩》，可谓一洗天下纷纭之论，公万世而为心者也。惜三史已成，其言终不见用。"杨维桢一生才华横溢，但为官之路却颇为不顺，后来也有人认为是因为他写的《正统辩》的论点与大部分人不同，多少影响了仕途。

杨维桢出仕的年纪并不小，三十岁那年，才开始精心备考。考前，他做了大量准备，自拟不少赋题，撰写文论100多篇，在次年的乡试上果然一举得中。第二年又在殿试中（元代规定乡试次年为殿试）考中进士，开始出仕。读书时，杨维桢对《春秋》等用功最深，从中领悟到其父"经不明，不得举"的儒家治国思想，而且树立了"学成文武艺，货与帝王家"的积极出仕的理想。这种思想伴随着他的整个仕途。他被授承事郎，赴任之前，父兄师友无不谆谆告诫，勉励他忠于职守、清廉为官。带着这份坚定的想法步入仕途，原本该是前途一片光明，但奈何生不逢时，心中纵有千般抱负，但在一个朝代的末期，郁郁不得志的人，总不在少数。

公元 1328 年秋天，三十三岁的杨维祯出任天台县尹，官阶正七品。官不大，而且天台县地处浙江东部，山地多，耕地少，山瘠民穷，社会情况复杂，是个典型的穷乡僻壤。有句老话说"穷山恶水出刁民"，虽然不一定正确，但杨维祯所管辖的地方确实不太平，小官吏与小混混沆瀣一气，为非作歹，其中以八个小混混最为祸害，人称"八雕"。"八雕"横行乡里，当地老百姓受他们欺负的不在少数，但性格正直的杨维祯初到此地上任就查实"八雕"的罪行，还查处了横行乡里的官吏，可谓大快人心。虽然赢得了百姓的掌声，但他在官场上却没有得到好的结果，不仅没得到朝廷的表彰，还被那些四处活动的贪官诬告，任职两年左右就被免职。初登职场，便受到如此不公待遇，说不委屈是假的。第一份工作就遭遇这样的打击，对谁而言都是不好受的。直到多年后，阅历既丰、身经坎坷的他仍对此耿耿于怀："承命以来不敢少负于学。而性颇狷直，敢与恶人仇。不幸上官不右余直。"但当时的他不得不接受现实，无奈地回乡以教书为生，后来搬到离家不远的大桐山中，一边读书一边教授弟子。

时光荏苒，几年以后，杨维祯又被重新启用，担任绍兴钱清盐场司令，官阶不升反降，为从七品。但因对仕途仍有期待，于是再次走马上任。食盐是生活必需品，杨维祯管理盐务期间，亲眼目睹恶吏的行径，将本该属于灶户的工本钱克扣大半，导致盐户生活艰难，因此时常需要他亲自监督盐场的工本钱发放。为了让老百姓的日子过得好一点，杨维祯上疏请求减轻盐税，但是上级不准，后在其据理力争下，勉强批准减额三千。虽然获得了百姓的拥戴，但他终究触怒了上级官僚，哪怕做事勤勉，为官清廉，却仍是不能获得升迁。正好父母相继过世，他按照惯例回家守孝丁忧。

杨维桢虽然有才，但性格孤傲，不善迎合，所以他丁忧期满也没有人为他说话，他的仕途暂停键一摁便是十年，既不复职，也没有新的委任。为维持生计，他以教授学徒为业，还到过绍兴、杭州、吴兴（今浙江湖州）、姑苏（今江苏苏州）、松江（今上海）等地开讲授徒。从四十五岁开始的十年间，是杨维桢一生中最无奈、最活跃、最丰富，也是最复杂的时期。如果没有这十年，杨维桢的诗文成就也许还不足以称霸当时的诗坛。当官没赚到什么钱，但是教书倒让杨维桢的生活优裕且空闲自由，因为有不少富家子弟当了他的学生。好的经济状况为他的读书写作提供了很好的条件，他一生中的大部分诗文都是在这十年间完成的。

杨维桢官场不顺，但在文坛却地位极高。素有天堂之称的苏杭，山清水秀，无论现在还是过去都吸引了无数的文人墨客。杨维桢在教学之余，就时常偕同诗朋文友游历两地，纵情自然，作画赋诗，宴饮唱和，还不时举办一些大型的文化活动。特别是公元 1350 年在嘉兴和松江举办的两场文会，盛况空前，每场与会者竟达 700余人，放现在也是一场超级大型的文学研讨会。文士们携带自己的诗文赴会，参加评选，两次文会的主评都是杨维桢。这些活动，既奠定了杨维桢文坛盟主的地位，又留下了不少脍炙人口的诗文，所以这十年，他并没有虚度光阴，他依然在等待机会，一展抱负。

也是在公元 1350 年，朝廷终于想起了他，任命他为杭州四务提举这么一个职务低、杂事多的小官。虽然年龄已经不小，但杨维桢的心中依然还有火焰，他再度出仕。虽然沉寂了十年，但为官的初心不改，他依旧是那个为人正直，爱为百姓做实事的好官。赴任前，他写下"俯仰三十年，同袍几人在。明当理行舟，天远征鸿背"的诗句，一番感慨，让人唏嘘，可见时间并没有抹去他的棱角。

也许别人都会说杨维桢不懂变通，只是元末的朝廷，为官的风气很不好，但他于百姓而言确实是位好官。杨维桢不想做一个人云亦云、唯唯诺诺的小吏，他上任后，兢兢业业，日夜操劳，四处奔波，体察下情，当真是"日夜爬梳不暇，骑驴谒大府，尘土满衣襟"。两年后，他便发现自己的上司罔顾法纪，耿直如他，当然要写信检举，但他却忽视了现实的残酷，此事最终不了了之。没法在杭州任上待下去的杨维桢转到建德担任路总管府推官，负责刑讯和监狱事务，为减少冤狱，他总是细致分析案情。

元末，战乱不断，杨维桢在建德任上时，正遇上朱元璋的部将胡大海攻取建德，为了避难，他躲进了富春山。世道没那么乱时，他官运不济，好不容易有所作为了，又赶上乱世。后来，他被委任为奉训大夫江西儒学提举，但时至元明交替之期，战火不断，未能成行。随着年岁的增长，加之朝代更迭，他的为官之心已慢慢消磨殆尽，不久之后，迁居钱塘居住。当时势力极大的张士诚占据吴中之后，江南名士竞相投靠，只有杨维桢几次被召都拒不赴任。一次，杨维桢去苏州，不死心的张士诚拿出御酒专门款待他，酒到一半，杨维桢赋诗一首："江南处处烽烟起，海上年年御酒来。如此烽烟如此酒，老夫怀抱几时开。"张士诚也知道强扭的瓜不甜，只能无奈放他离开。

有时候才能过剩也是个负担。杨维桢音乐造诣极深，善吹铁笛，自称"铁笛道人"。相传古来隐者、高士皆善吹铁笛，笛音响亮非凡，有穿云裂石之声。有诗云："铁笛一声吹雪散，碧云飞过岳阳楼。"洪武二年（1369），明太祖朱元璋想要修礼乐书，于是想到了杨维桢，亲自下诏让杨维桢赴京修书，但他婉拒了，并说"岂有八十老妇，就木不远，而再理嫁者耶"。为了躲避官府的催逼，他回到家隐居，但朱元璋似乎就认定了他，再三催促。第二年，杨维桢无奈留京四月，待所修之书的叙列略定，便推说自己的肺疾发作，请求回家。此时明朝刚成立不久，面对这位在民间声望颇高的老人，朱元璋也不好强迫。杨维桢临行前，宋濂有"不受君王五色诏，白衣宣至白衣还"的诗句相赠，对他的气节给予肯定。归家之后，杨维桢开始撰写《归全堂记》，文成掷笔而亡，走完了他传奇的一生。

二、西湖竹枝词

杨维桢一生多次来杭，弃官遍游天下山水名胜之后，于至正初年（1341）携妻儿到杭州，居住在吴山铁冶岭的友人处。面对西湖的山山水水，他时常穿梭其间，与友人去西湖各处游览，颇多感慨，激情满怀，写下了许多有关西湖的诗词。

杨维桢最富特色的是乐府诗，受唐朝"诗鬼"李贺影响很深，多咏史、拟古之作。其创作手法上有浪漫主义的特点，喜好驰骋异想，善于运用奇辞。因多以史事与神话为题材，诡异谲怪，曾被人讥为"文妖"。但他面对西湖时觉得一般的诗体不够特别，便想找一种更为合适、更为独特的诗体进行抒发。杨维桢有感于以西湖为题材的"湖中曲"在"今乐府"（即元曲）中已经很多，但还没有人用《竹枝》的曲调来写"湖中曲"，于是开始倡导语言通俗、风格清新、很有民歌味道的《西湖竹枝词》，来"补《竹枝》之缺"。按杨维桢自己的话说，就是"闲居西湖者七八年，与茅山外史张贞居、苕溪郯九成辈为唱和交。水光山色，浸沉胸次，洗一时尊俎粉黛之习，于是乎有《竹枝》之声"。说干就干，他一口气创作了九首竹枝词。由于创作内容清新，富有生活情趣，雅俗共赏，很受人们欢迎，很快流传开来，互相唱和。

竹枝词本是一种起源于民间的文学样式，宋人郭茂倩《乐府诗集》卷八十一载："《竹枝》本出于巴渝。唐贞元中，刘禹锡在沅湘，以俚歌鄙陋，乃依骚人《九歌》，作《竹枝》新辞九章，教里中儿歌之，由是盛于贞元、元和之间。"意思是刘禹锡在听到这种用鼓和短笛伴奏，儿童边舞边唱的竹枝词时很是欢喜，但竹枝词原属于民间的俚歌，而且词语鄙陋，刘禹锡便学习屈原创作《九歌》的精神，借用传统"竹枝"体创作"新词"，开创了文人采用这种民歌体来写诗的风气。因为它清新、通俗、格律限制较宽的特点，自唐宋以来，带有民间风格的竹枝词创作流传各地，但从创作数量上看，唐宋诗人创作竹枝词存留的并不多，直到杨维桢的《西湖竹枝词》风靡文坛，才渐为大观。以杨维桢当时在文坛的地位，可以说是一呼百应，他成了当时西湖风景的最佳文化代言人。竹枝词这种反映民间质朴的生活情调的诗歌特别受人喜爱，这一诗歌形式也终由涓涓细流汇成汪洋大海。

据明代杭州人田汝成《西湖游览志余》记载："西湖竹枝词，杨铁崖倡之，和之者数百家，大率咏湖山之胜，人物之美，而情寓于中，比比一律。"在杨维桢的倡导之下，竹枝词风靡杭城，他自己也创作颇丰。下面就来看看这九首著名的《西湖竹枝词》吧。

（一）

苏小门前花满株，苏公堤上女当垆。

南官北使须到此，江南西湖天下无。

（二）

鹿头湖船唱赧郎，船头不宿野鸳鸯。

为郎歌舞为郎死，不惜珍珠成斗量。

（三）

家住城西新妇矶，劝君不唱缕金衣。

琵琶元是韩朋木，弹得鸳鸯一处飞。

（四）

劝郎莫上南高峰，劝我莫上北高峰。

南高峰云北高雨，云雨相催愁杀侬。

（五）

湖口楼船湖日阴，湖中断桥湖水深。

楼船无柁是郎意，断桥有柱是侬心。

（六）

病春日日可如何？起向西窗理琵琶。

见说枯槽能卜命，柳州弄口问来婆。

（七）

小小渡船如缺瓜，船中少妇竹枝歌。

歌声唱入箜篌调，不遣狂夫横渡河。

（八）

石新妇下水连空，飞来峰前山万重。

妾死甘为石新妇，望郎忽似飞来峰。

（九）

望郎一朝又一朝，信郎信似浙江潮。

床脚揩龟有时烂，臂上守宫无日消。

诗文不长，却蕴含了杨维桢博古通今的才学以及对西湖的推崇。这组诗的主题是写儿女之情，所以除第一首算是为西湖作"竹枝词"的开场白之外，其余八首皆以女子口吻写就，抒发对爱慕之人的坚贞情感。

且看第一首。相传南朝钱塘著名歌伎苏小小家住西泠桥一带，西湖的西泠桥边至今仍有一座苏小小墓。与西泠桥隔湖相望之处便是苏公堤，"苏小小"巧妙地缩合"苏公堤"，而"女当垆"则让人联想起唐人韦庄《菩萨蛮》中"垆边人似月，皓腕凝霜雪"的意境。短短两句诗，不仅描绘出了西湖山水之胜、人物之美，更道出了西湖轻灵委婉的悠久历史与才气超逸的人文底蕴。后两句则由衷地推荐这世间独一份的美景，一个"须"字，还带点霸道总裁的范儿，像是在用"命令"口吻告知南来北往的客官切莫错过到西湖一游的良机，这是妥妥的宣传广告啊！

后面八首就相对通俗易懂一些，将北高峰、断桥、飞来峰等西湖景致融入一段段忠贞不渝的爱情宣言，且以女子的角度来诉说。在他的诗中，我们看到的西湖儿女的形象，已不是传统诗歌中经常出现的那类温柔而娇弱的女性，显得粗犷而豪爽。她们渴求爱情，追求自由，不愿意被局限在闺阁、庭院中，不再是悲悲戚戚的人物形象，她们身上的"阳光"与"热情"也给文学输入了新的活力。

当然诗句中也涉及不少典故，比如第三首以韩朋夫妻不畏强权、以身赴死的典故来表明坚守爱情的心志。

干宝《搜神记》卷十一记载，战国时，宋大夫韩朋（凭）的妻子为宋康王所夺，夫妇俩双双自杀殉情，墓地上长出两棵上下交错的树，还有一对鸳鸯鸟常在树上栖息。于是宋国人称此树为"相思树"，又称"韩朋（凭）木"。第四首里的"云雨相催"是就眼前景物触景生情，却又典出宋玉《高唐赋》，喻指男女欢情。这首诗也是几首中最为著名的一首，明朝李东阳称其是"诗贵意，意贵远不贵近，贵淡不贵浓"的典范之作。

《西湖竹枝词》读来朗朗上口，对格式要求也不严，但要作一首好诗，没点墨水也不行。但受杨维祯的影响，当时写《西湖竹枝词》的既有诗坛名流，也有释道诗人，还有不少女子。为了扩大影响，杨维祯还决定汇编《西湖竹枝集》，收入他自己首倡的 9 首，还有其他 119 人的诗。这以后，以咏西湖为题的竹枝词，和以这种诗体咏唱男女爱情和其他内容，成为一种时尚。元代诗人秦约作有一首《西湖竹枝词》："湖中儿女好腰肢，织金衣裳光陆离。见人不语背人笑，唱得杨家新竹枝。"就是对当时的文化现象的一种记载。

《西湖竹枝词》一出，很快传遍大江南北，四方名人高士争相属和，杨维祯凭借一己之力，让一类诗歌风靡起来，杭州的文学史必然要给他一张大大的奖状。《西湖竹枝词》的影响力一直延续到明清时期，各地作者纷至沓来，在杭州选胜搜奇，将西湖风情、钱塘民俗都采来写入西湖竹枝词，一度出现了"竞向西湖咏竹枝"的创作奇观。

在明代，有沈明臣的《西湖十二月竹枝词十三首》、张遂辰的《西湖竹枝词十八首》这样的连章体组诗，徐之瑞光一本《西湖竹枝词》就收录了 102 首竹枝词。专门写西湖景观的作品也不在少数，有徐燿的《西湖十景

竹枝词》，不是现在我们常说的西湖十景，就只是西湖
边的十处景观，分别是六桥烟棹、三竺晚霞、九里松风、
孤山梅月、桃溪花雨、石屋晴云、采鹳红妆、锦塘春柳、
龙泓漱玉、鹫岭观曦。许楚的《西湖竹枝词》更是描写
了西湖的十七处景观。

　　到了清朝，西湖竹枝词的创作又达到了一个巅峰时
期。除了清初徐士俊、吴景旭等人收集前代的西湖竹枝
词编集出版《西湖竹枝集续集》之外，据朱彝尊《静志
居诗话》记载，顺治十八年（1661），以钱谦益为首的
一批诗人在西湖画舫中品评《西湖竹枝集》，八十岁的
钱谦益评说：唱和者虽多，终究还是不如老铁的原唱。
清朝文人，创作量惊人，也为后世研究西湖提供了珍贵
的资料。当然这一切还得归功于杨维桢的带头作用，他
别出心裁地选择了一种最为合适的文体，以清新的民歌
色彩，浓烈的乡土气息，讴歌了西湖的生活画面，为西
湖诗坛开创了一代新风，是西湖文学史上浓墨重彩的
一笔。

　　在杭州生活的几年，是杨维桢过得比较惬意的一段
时光。他对仕途几近绝望，于是寄情山水，纵情声乐，
《明史·杨维桢传》中对此有如下记载：

　　　　或戴华阳巾，披羽衣，坐船屋上，吹铁笛，作《梅
　　花弄》。或呼侍儿歌《白雪》之辞，自倚凤琶和之，
　　宾客皆翩跹起舞，以为神仙中人。

　　大概杨维桢在杭州周游山水时便是这样一副状态，
或头戴华阳巾，身披羽衣，坐于船上吹笛；或呼侍儿唱
歌，酒酣以后，婆娑起舞。想想要是在风和日丽的日子
里，坐上一条小船，徜徉在西湖里，该是多么惬意啊！
掏出随身铁笛演奏一曲，喝点小酒，枕着阳光小憩一会

儿或是听一段小曲，这日子就是风流潇洒都不足以概括。暂时忘却尘世烦忧，杨维桢便与好友倪云林、陆居仁、钱惟善、宋仲温、柯九思、张雨等诸多才俊之士相约，饮酒赋诗，挥毫弄墨，放浪于形骸之外，游艺于笔墨之间，过着神仙般的日子，管它什么世事纷扰！既有佳作面世，又得身心愉悦，逃避一下现实也是不错的选择。他自己也在《梦游海棠城记》中说："余尝谓天地无神仙则已，有则自是我辈人耳。"他一生性格倔强，不逐时流，从其为官时的所为，便可窥见一二。

除创作《西湖竹枝词》之外，杨维桢在杭州还见证了龙翔宫的重建，并作《龙翔宫重建辞》一首："二马渡江一马龙，东邸观阙森开张。穆将祀余感生皇，渡以熛怒威灵印。十一景纬生寒芒，天人南下南斗傍。朝与龙飞暮龙翔，翠蓬三度黄尘扬。灵宫特立天中央，湖眉海眼东西望。地柱不倾天乳长，黄须仙伯古冠裳。龙脑宝藏声琅琅，上清净扫赤尾翔。六龙在天天下昌，山君海孤纷来王，南极上寿日重光。"

杨维桢在杭州的日子虽然不长，但他为杭州所作的贡献却是极为突出的。除了以上提及的，他还为杭州留下了珍贵的碑文，在杭州孔庙的碑林中便有一块由杨维桢撰文、陈遹书、班惟志篆盖的《武林弭灾之记碑》。此碑高 200 厘米，宽 82 厘米，厚 21.5 厘米，碑文所记便是至正三年（1343）杭州城灭火的经过，《武林坊巷志》中也有记载此碑，名为《江浙廉访司弭灾记》，是迄今为止我国发现的最早记载火灾灾情及灭火过程的碑石。

杨维桢在工作和生活里是两面人，他工作严谨，甚至刻板至不懂变通，但生活里却有些放荡不羁。也许是仕途不顺，想做个好官却总是郁郁不得志，所以他的个性在别处就显得狂放不羁，甚至还有些放浪形骸。

晚年隐居松江（今上海），杨维桢在自家门口写了榜文："客至不下楼，恕老懒；见客不答礼，恕老病；客问事不对，恕老默；发言无所避，恕老迂；饮酒不辍乐，恕老狂。"简直就是一副爱谁谁的态度，也算是相当有个性了。

在元朝时，杨维桢有心出仕，却仕途不顺。待到明朝，他拒不为官，朝廷却时时招抚，真可谓有心栽花花不开，无心插柳柳成阴。晚年他返回杭州，后辞官举家搬迁至松江。自此，杨维桢一心寄情山水，以声色自娱。作为一名退休老干部，他也没有闲着，毕竟才名在外，所以东南才俊时常登门求教，每日也是忙得不亦乐乎。

三、"丑书"不丑

元末世事纷乱，文人多寄情于诗酒声色。杨维桢虽不好酒，却喜欢参与酒局，而且出门必有歌童舞女相从，优游必置酒畅饮，作诗必有侍妾端砚。有时候酒喝多了也不是什么好事，玩笑开过头，朋友可能就没了。

杨维桢和元四家之一、画家、诗人倪瓒（别字元镇，号云林子）性格相近、年龄相仿，二人极为要好，相交三十余年。杨维桢曾写过《访倪元镇不遇》一诗："霜满船篷月满天，飘零孤客不成眠。居山久慕陶弘景，蹈海深惭鲁仲连。万里乾坤秋似水，一窗灯火夜如年。白头未遂终焉计，犹欠苏门二顷田。"诗中对倪瓒充满仰慕之情，倪瓒也作有《寄杨廉夫》一诗："吴松江水春，汀洲多绿蘋。弹琴吹铁笛，中有古衣巾。我欲载美酒，长歌东问津。渔舟狎鸥鸟，花下访秦人。"二人真是心心相印。

两人诗文唱和、参加雅集、合作书画，留下很多佳

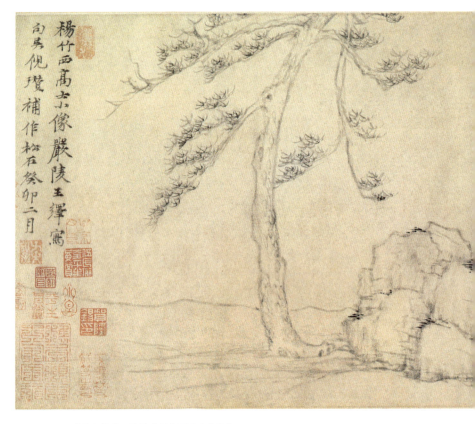

〔元〕倪瓒、王绎《杨竹西高士小像》

话，流传至今的《杨竹西高士小像》由王绎写像，倪瓒补作松石，杨维桢题跋。在倪瓒的眼中，"天地间不见一个英雄，不见一个豪杰"，但赠杨维桢以古筝，称赞他铁骨铮铮，"白眼不受天子宣，自称臣是酒中仙"；杨维桢自述"天子不能子，王公不能侪"，却与倪瓒是终身不渝的好友。两人友谊深厚，但杨维桢兴之所至时，总会忘记他的好友乃是位重度洁癖者。

在一次昆山玉山草堂雅集上，除了诗人、学者、古文家、书画家等众多文化人以外，还有每次必不可缺的众多助兴的乐师和歌伎、舞姬。杨维桢这个人有个怪癖，

对女子的小脚和绣鞋特别有兴趣，是个"莲癖"，或者说是"拜足狂"。这似乎能解释他为何会写杨贵妃的袜子了。喜欢美女的脚不可怕，但杨维桢却喜欢当场脱掉人家的鞋子当酒杯，还美其名曰"金莲杯"，即所谓"妓鞋行酒"。倒不是直接拿鞋子喝，真要那样想想都恶心，鞋子其实就是个杯托，把酒杯置于其中，然后按照各种规则传递，行酒令。这种以妓鞋行酒的把戏，在元代开始出现，到清代开始盛行。

这天，杨维桢在和倪云林吃饭喝酒时又玩起了这一手，可把倪瓒给恶心坏了，他当场大怒，掀翻了桌子。

杨维祯玩得正起劲，一看老倪砸场子，顿时也恼了，于是酒席不欢而散。据说两人后来连朋友都不做了。

元末明初文人陶宗仪的《南村辍耕录》对此事有记载，说杨维祯"耽好声色，每于筵间见歌儿舞女有缠足纤小者，则脱其鞋，载盏以行酒，谓之金莲杯"。明朝沈德符写的《妓鞋行酒》也有类似的记录："元杨铁崖好以妓鞋纤小者行酒，此亦用宋人例。而倪元镇以为秽，每见之辄大怒避席去。"

无论此事真假，杨老铁在世人眼中确实是一位不折不扣的"怪人"。他的怪不止体现在一些行为举止上，还体现艺术创作上。

杨维祯除以诗名著称于世外，还是著名的书法家，历代对其书法作品的评价也颇高。他擅长行书、草书，但他的书风很有自己的特色，风格刚劲，豪迈雄健，古朴奇崛，将狂放与稚拙融为一体，在怪异中显出特色和功力，在书法史上独树一帜。他才华横溢、底蕴深厚又放浪形骸，正所谓字如其人，他笔下的书法也是一反常态，直追奇古。明明能写好每一个字，他偏偏不按常理出牌，写的字往往大小不一，用墨浓淡枯湿间杂，不求平整而求奇侧险峻，形成奇崛峭拔、狷狂不羁的独特风格，人称"丑书"。

杨维祯的传世作品不是特别多，除上海博物馆藏有一件他的书法作品外，还有一件存世的草书立轴作品，这便是他的《草书七言诗立轴》。此诗轴纵132厘米，横58厘米，书写的内容是："主人院落春迟迟，列出海树珊瑚枝。凤鸟双飞入云啼，吴蚕八茧缲冰丝。小姬戴烛舞瑶席，一片香云澹无迹。锦袍烂醉铁仙人，乘月归来吹玉箫。铁史书，橘洲燕集壶春堂效温体。"此作最大的特色是浓枯笔的运用，造成强强弱弱的节奏感，整幅作品看似随意，却处处可见其用意，一笔一画皆有章法布局。落款处，以枯细草书连绵写出"铁史"二字，虚灵而与正文产生对比。

在元朝，赵孟頫创"赵体"书，以一人之力横扫南北，一统书坛。在言必谈王羲之的时代，杨维桢异军突起，凭一笔"丑"字凿开了书坛大家之门，牢牢占据了书法史的一席之地！美从来没有单一的标准，如果一味地研习前人，而没有自己的创造，也不过就是高仿而已，所以后世书家都在讲究创新，加入自己的风格。赵孟頫已将二王复古书风融入自身的创作，要想在这个格局之下脱颖而出，杨维桢的不走寻常路倒也是一个不错的选择，也让元代的书坛显得更加多彩和完整。

历代对杨维桢的书法有"狂怪不经"的评价，他的字粗看也许是"丑"，一支秃笔，左刷右抹，细看却很见功底。杨维桢自小熟读诗书、精通文史，书法造诣颇深，尤擅行书与草书，在绘画上也很有成就。但他在书法上一洗旧习，不尚法度，经常是行、楷、草书混用，气势开张，字态放逸，这在书法家中实属少见。正所谓不破不立，纵观中国的书画史，如此行事者也并非杨维桢一人。前有张旭、怀素、杨疯子（杨凝式）、米芾，后有徐渭、傅山、金农等，用傅山的话便是："宁拙毋巧，宁丑毋媚，宁支离毋轻滑，宁真率毋安排。"真是前有古人，后有来者，大异其趣的叛逆书风对推动书法的发展并非没有益处。杨维桢的瞩目只在于他所处的时代，但也正是因为处于元末崇尚复古的书坛，他才显得更加夺目耀眼且影响深远。

细究杨维桢行、草书的用笔，可以发现是从北宋诸家的个性化笔意中来的，此种笔风最接近苏轼、米芾

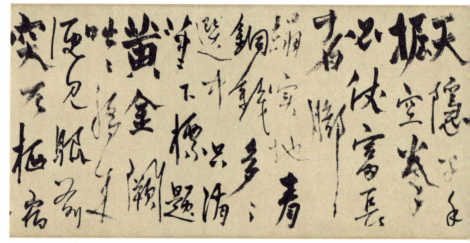

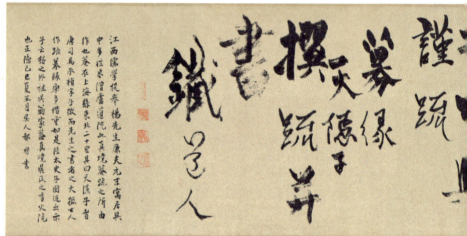

〔元〕杨维桢《真镜庵募缘疏卷》

两家，尤其是米氏"痛快淋漓，风樯阵马"的率意笔调。元代以来，他被公认是米芾之后少有的能将文人性情修养融入个人艺术创作、风格独具的一代大师，明代诗人、书法家吴宽称其书如"大将班师，三军奏凯，破斧缺斨，倒载而归"。

杨维桢主张诗品、画品、书品与人品作统一观，认为书法无异于人品。再联系杨维桢的生平种种，倒也

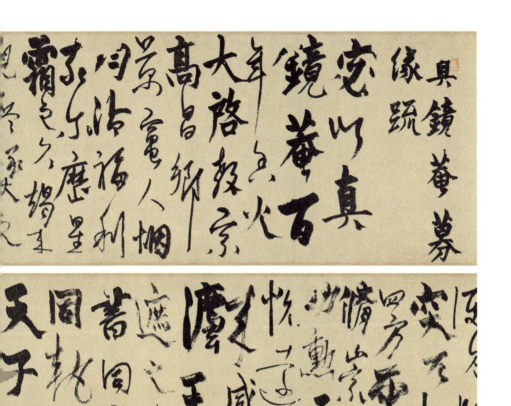

第九章 诗书双绝——狂放不羁杨维桢

不难理解。从满怀理想的能吏到耽好声色的风流浪子，辞官后的杨维桢浪迹山水，无日不沉醉。世人只道李白诗风豪放浪漫，不言其心中抑郁。元朝后期，因战事四起、皇室权斗而引发了社会政治的急剧变故，杨维桢有出仕之志，官再小亦恪尽职责，奈何处处受挫，他的这种矛盾曲折而独特的生活际遇便有意无意地折射在他的书法之中。正如清人伍元华所言："但知其因不平而寓意于诗，不知其寄情于字。"他一反赵孟頫的平和、秀美、

167

典雅、姿媚的文风，在崇尚复古的元代书坛形成了奇崛、峭拔、猖狂不羁的独特风格，也算是特立独行。

他的书法中充溢着宏肆、冷峭，起笔点画锐利，行笔果断，时而侧扫，时而细笔连亘。用笔上间楷、间草、间行、间篆，倒与文学上极为相像的"杂糅"现象一样，看似杂乱无章，细看却是融合了汉隶、章草的古拙笔意，又汲取了二王行草的风韵和欧字劲峭的方笔，再结合自己强烈的艺术个性。细化到每个字体，便深知他对所用字体结构的熟识，就像一位融合了各家武学的高手，出手时便可随心所欲。看他的字，如同读他的诗，大小参差不齐，倒也有韵律，生出别样的格调。

观杨维桢的书法，不能以寻常的书法标准来衡量，他的字就是他的人，人奇字亦奇，自有一股奇气鼓荡。他晚年的行草书，恣肆古奥，狂放雄强，显示出奇诡的想象力和磅礴的气概。

杨维桢书法作品存世已无多，且大都是其五十岁后所书，如行草作品《真镜庵募缘疏卷》便是其中之一。此作纵 33.3 厘米、横 278.4 厘米，现收藏于上海博物馆。卷中所谓"真镜庵"旧址在现今上海高行镇。杨维桢晚年与僧道交往甚多，时常出没于庙宇庵堂之间，此作便是为"真镜庵"所写的疏文。全文一百四十五字，共四十二行，每行大多三字或四字，是全由性情而生的书法之作。纵观全卷，章局变化丰富，随意奇崛；用笔力遒韵稚，笔法跳宕；用墨枯湿浓淡，对比强烈。笔里行间吞吐腾挪，真气逼人，完整地再现了他强烈的艺术个性以及晚年炉火纯青的艺术境界。

杨维桢存世的书法作品并不都是"丑书"，如收藏于辽宁省博物馆的《周上卿墓志铭册》，便是杨维桢流传至今的唯一的小楷书法作品。杨维桢的楷书作品历来罕见，因此这件墨迹就更显弥足珍贵。这是至正十九年（1359），六十四岁的杨维桢应友人周上卿之请所撰写的墓志铭文。整篇铭文简洁生动富于性情，充分显示了杨维桢出众的文学才华。全篇为摹勒上石之底本，用笔稳健劲险，结体端严精准。通篇因笔致挺健故多用挑笔，气息连贯，满幅生机，足见杨维桢楷书的精湛功力。

常言道，字如其人。杨维桢前半生活得兢兢业业，按照读书、出仕的常规路线，该学习时勤学苦读，该工作时恪尽职守，可天不遂人愿，唯有将自己的满腹经纶付诸于诗文，一笔"丑书"又何尝不是他对压抑了的大半生的一种宣泄呢？

第十章

从富春江走向世界
——"百代之师"黄公望

一、《富春山居图》真假疑案

如果说中国历代皇帝中哪一位最喜欢舞文弄墨，应该就是乾隆了，据说他一生写了四万多首诗，这数量几乎和《全唐诗》差不多，以一人之力傲视全唐诗人，也是前无古人后无来者了吧。他不仅喜欢写，而且艺术鉴赏水平也不错，对字画的喜爱几乎到痴迷程度。不过他有一个不太好的习惯，就是对喜爱的字画，动不动就先盖上大印再说，可谓"盖章达人"。

在众多中国古代字画中，乾隆皇帝对《富春山居图》的喜爱最为痴狂。此画的作者即为黄公望，他曾得到元代书画大家赵孟頫的悉心教导，与吴镇、倪瓒、王蒙合称为"元四家"并位列四家之首。乾隆自从得到此画，终日珍藏在身边，即便是外出巡游也是如此，没事就拿出来欣赏一番，时不时还要在长卷的留白处赋诗题词，当然不会忘记再盖上各种印章。画卷上随处可见"此卷写山居风景，岩壑平远旷若千里""今观是幅长几三丈，包孕山川之胜，发抒襟抱之奇，在水墨法中尤出一格""画家贵正不贵奇，大痴此卷三昧知。天地造物匪物造，元气裹合神淋漓"等溢美之词以及"内府珍藏""乾隆宸翰"、"乾隆封外题签"等印。

　　不知不觉中，画上的题跋填满了所有空白，直到实在不能再题写什么时，乾隆才有些遗憾地写下最后一则题跋。有人数过，从公元 1745 年至公元 1794 年的五十年间，乾隆在画上题跋多达五十多处，长长短短，印迹累累，凡空隙处，全部塞满。当然就算是张白纸，能让皇帝写这么多字、盖那么多章，也足够它成为国宝了。

　　不过乾隆做梦都没想到，他痴迷的这幅"国宝"竟然是件赝品。因为在他得到此画的第二年，也就是公元 1746 年，宫中竟然又收到一幅几乎一模一样的《富春山居图》，这可就太难为乾隆了。

　　那天，原本乾隆皇帝正在自己的寝宫中，津津有味地欣赏着《富春山居图》，结果一个小太监轻轻推门进来，悄悄走到乾隆身边。他生怕打扰了皇上，轻声说道："皇上！"乾隆没搭话，倒是贴身太监先说话了，斥责道："没看见皇上正在欣赏书画吗？赶快走开！""可傅恒大人进献的画卷到了，正在外面候着呢！"小太监为难地说道。听他这么一说，乾隆皇帝倒也来了兴致，于是说了声："把画卷拿进来吧！"接到旨意的小太监一溜烟跑到殿外，没多久就捧着画卷恭恭敬敬地献上。

　　乾隆皇帝一打开，吓了一跳，竟然跟自己正在欣赏的画一模一样，真假难辨。原来，明朝中期，《富春山居图》被沈周、董其昌等人收藏，有了两位书画名家的赏识和推崇，这幅画瞬间就成了明清画家眼中的"香饽饽"，临摹之作自然出了很多。

　　乾隆将两幅《富春山居图》放在一起进行详细对比，一时难以确定孰真孰假。为此他还让大臣们帮着一起鉴

作者与创作年代均尚无定论的《富春山居图·子明卷》

定，但大臣们的意见也并不统一。不过对比之后发现，乾隆之前收藏的画有一处致命的漏洞：元朝画家在绘制画卷时，一般都将自己的题款写在绘画内容之后，而乾隆收藏这幅画，黄公望的题款是在画面空白处。不知道是出于面子还真的是欣赏能力不够，乾隆坚持认为自己之前收藏那幅为真，那些看出破绽的大臣也碍于皇帝的权威而没有点破，毕竟像《皇帝的新衣》中那个小男孩一样说真话是要有勇气的。

乾隆全然不顾沈德潜提及的真迹有"沈、文、王、董、邹氏五跋"与他认定的正品不符这一点，拍板定下真伪，还在两幅画上用御笔分别题说真伪。

不过，乾隆大概也觉得花了两千金的高价得了伪作有些不爽，专门写了一首句自嘲："笑予赤水索元珠，

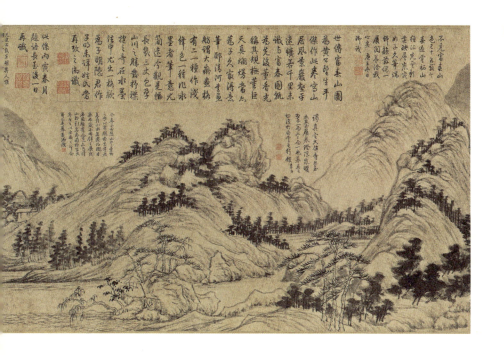

不识元珠吾固有。"可能觉得还不够，他在乾隆十二年
（1747）又题诗一首："高王目迷何足奇，压倒德潜谈
天口。我非博古侈精鉴，是是还应别否否。"堂堂的一
国之君写诗讥讽沈德潜等人"误鉴"，也确实符合乾隆
的脾气。

不过独具慧眼的沈德潜虽不得不违心地以伪为真，
但还有些不甘，他在《子明卷》后的题诗里将自己被迫"敬
赓和"的实情十分隐晦地告诉了后人。

这就是著名的"富春疑案"。

后来的事情大家都知道了，乾隆坚持对之前收藏画
作的肯定，即先得到黄公望的"山居图"为《富春山居
图》（后来称之为《子明卷》）真迹，安岐旧藏《富春

山居图》为赝品。不过乾隆也看出被自己定为"赝品"的那幅画确实是精品，"惟画格秀润可喜，亦如双钩下真迹一等"，他没有要求"去伪存真"毁了那幅"假"画，而是将它划入《石渠宝笈》次等，然后打入冷宫。

中国书画历来讲究留白，讲究无中生有，绘画时留出大量空白，其实是为了让欣赏者有联想和想象的空间。正是由于乾隆的误判，真迹上除了清代书法家梁诗正写的一段话外，没有再留下"御笔"。《富春山居图·无用师卷》幸运地躲过了"盖章达人"的荼毒，使这一不朽巨作得以保留原有的空旷江景。

乾隆皇帝鉴定完真伪后，内心估计也不是没有动摇过。因为《子明卷》有题款"子明隐君将归钱塘，需画山居景，图此赠别。大痴道人黄公望。至元戊寅秋"的字样，关于《富春山居图》真伪的争论，这段题款一直是焦点。而在这幅画卷上，乾隆皇帝曾两次提到了子明其人。第一次是在公元 1746 年春，他题了段跋文，大意是说：都说《富春山居图》是黄公望的生平杰作，此卷哪个在先，哪个在后？董其昌说这幅画按照董源、巨然的画路，画得天真烂漫，极其精妙。当也应该是黄公望最得意的画作了。《清河书画舫》说大痴作画的格调有两个，一种作浅绛色，笔势雄伟；一种作水墨画，笔意尤其简远。今观这幅画，长几乎有三丈，包孕了山川之胜，发抒襟怀之奇，在水墨画法中尤出一格。落款说是为子明隐君作，但是子明是谁？不知道他姓甚名谁，还需要再考证才是。这段题跋说明此时的乾隆还不知道子明是谁，认为这个问题需要考证。

另一段画卷上的跋文是乾隆皇帝在公元 1746 年小寒时所写，大意是说彼时已考证出子明即任仁发（1255—1327），上海青浦人，和黄公望是同一时期的画家，善画马，是水利专家，因修河道有功，累官至浙东道宣慰副使，但无隐居记载。这么看来，他大概也知道自己判断错了，但是没打算推翻之前的判断。

据史料记载，乾隆皇帝本身就是当时公认的鉴赏家，论断自然也有他的道理，何况彼时也没有确凿的证据去推翻乾隆帝的结论。此外还有一个原因是两幅画都藏于深宫，一般人也没机会见到。于是，乾隆帝的这番"圣断"就维持了差不多有两百年的样子。

最终确定《无用师卷》为真迹的是著名鉴定家、国家级书画"掌眼人"徐邦达先生。

1933 年，因为面临日军侵略的威胁，故宫决定将重要的文物南迁，万余箱珍贵文物分 5 批先运抵上海，之后将转运至南京。徐邦达趁这批文物停放上海期间，前去库房观摩，他在那里看到了这两幅真假《富春山居图》。经过仔细考证之后，他发现乾隆御笔题说是假的那张实际上是真的，而乾隆题了很多字说是真迹那张却是假的。事后，他于 1984 年在《故宫博物院院刊》第 2 期发表《黄公望〈富春山居图〉真伪本考辨》，认为《无用师卷》为真迹而《子明卷》系赝品。文章列举出了三条主要依据。

一是《无用师卷》画面的构图"三远"（平远、深远、高远）俱备，大多用干笔勾皴，极少渲染，笔势不凡。又与画中多复笔、改笔与自题中"逐旋填"之语相吻合。

二是《无用师卷》画卷的题跋除自跋外，他人之题跋多出自名家之手，内容丰富且紧扣原画。而伪本题跋大都内容空泛，离题太远。最重要的是真本题跋有一条明晰的流传线索。

三是收藏记录和印记：真迹自元代始就有评价流传记录，至明清记述更为详尽，且与题跋相符。此外，鉴藏者的印记与记述也可相互佐证，画幅上方的吴之矩骑缝印就是最有力的凭证。

由此，被委屈了两百年的沈德潜也就此"沉冤得雪"，可以在后世"扬眉吐气"了。

其实到底哪幅才是赝品，后人也不是没有不同意见，经过美术界几十年的争论，才最终取得一致意见：认为《无用师卷》为真，《子明卷》为伪。但被判定为赝品的《子明卷》，也被公认具有很高的艺术价值及历史价值。这其中也有乾隆皇帝的一份功劳，毕竟在他的不断赏玩中，画中那么多御笔亲题以及印章也是颇为珍贵的，是我们研究乾隆书法演变与生平故事的第一手资料。

如今，《子明卷》和被公认为是真迹的《无用师卷》都收藏在台北故宫博物院，另有《剩山图》真迹一卷存于浙江省博物馆。

写到这里，也许该介绍这幅名画的作者，大名鼎鼎的黄公望了。

二、江山也要文人捧

清顺治初，江苏宜兴的一座布局精美的园林显得庄严肃穆，往来行人却面色暗淡，低声叹气，全无笑意。随着时间的流逝，一声啼哭惊起了暂且在此歇脚的鸟儿。这声啼哭里饱含着对亲人过世的悲伤，但于艺术史而言，又岂是一声哭泣所能表达的。

就在几分钟之前，一位老者在弥留之际，虽已是气若游丝，依然死死地盯着枕头边的宝匣，做出了一个重大的决定，吃力地吐出一个字："烧！"就在前一日，他作出过同样的决定，于是书法大师智永和尚的《千字文》真迹被付之一炬，今天又要轮到哪幅大作了呢？这位濒临死亡的老者，就是大收藏家吴洪裕（字问卿）。

唉，遭受噩运的一定是那幅他出逃躲避战乱都要随身携带的《富春山居图》了，还说它"直性命殉之矣"，之前还在祖居的云起楼里特别建造"富春轩"专门放置这张画。画家邹之麟也说吴洪裕和这幅画形影不离，无论吃饭睡觉，都要放在身边，可见吴洪裕对《富春山居图》的迷恋。如今他自知要离开人世，就想烧掉此画，让它在九泉之下也能陪伴自己。

家人知其心意，也不愿违背老人的心愿。熊熊的火焰，开始遍布画的四周，一幅名作将被火舌缓缓吞噬……终于，一只手及时地握住它，带它逃出烈火的包围。如果《富春山居图》可以说话，它应该也想感叹一下，为何自己的命运如此多舛。

想必很多读者都已知道，吴洪裕就是因为作了这两个"重大决定"而闻名于世的。前有爱字成痴的唐太宗，人家也只是将《兰亭集序》随葬。但轮到这位吴洪裕，竟然要焚烧随葬。好在吴洪裕的侄子吴子文实在不忍心看到这样的珍品化为灰烬，趁着他人不注意，偷偷从火中取出，以偷梁换柱之法焚烧了另一幅替代。只可惜画还是被大火所损，断成一大一小两段。

这一年是顺治七年（1650），也是《富春山居图》完整存世的最后一年。

后来，吴家子弟吴寄谷将画分割重新装裱保存。他将小段的残损烧焦部分细心揭下，重新将前段接拼后神奇地发现，居然正好有一山一水一丘一壑之景，而且几乎看不出剪裁过的痕迹，一幅名作自此变成两幅。从此，小段的部分人们称之为《剩山图》，而保留下来的《富春山居图》主体内容的大段部分，装裱时为掩盖火烧痕迹，就将原本位于画尾的董其昌题跋切割下来移至卷首，被人称之为《无用师卷》。可能就是这样的操作，干扰了当初乾隆皇帝对它的判断。

此后三百多年间，两段画卷分别流传。

《富春山居图》是元代著名画家黄公望的代表作，他绝对称得上是大器晚成的画家，因为这幅画是在他八十岁以后才完成的作品。

黄公望晚年出家入道，对待人生极为洒脱，对生活要求也不高，除了游山玩水、交友绘画，似乎没有别的爱好。对于求画者，皆是有求必应，《富春山居图》亦是如此，它是为好友兼全真教同门师弟郑樗（字无用，后人称为无用师）所绘之作。

那么，《富春山居图》的取景地是哪里呢？当然不是富春山，而是富春江。富春江是浙江省中部的一条河流，其上游名新安江，下游名钱塘江，中间这全长110千米的一段，即为富春江。两岸山色秀美，江水清澈，群山连绵，山水相映，素以景色秀丽著称，故有"小三峡"之美誉，也有"天下佳山水，古今推富春"的说法。

据传春秋时，伍子胥为避楚平王的追杀，投奔吴国时在此渡江，入吴后又曾在此隐居躬耕。所以在富春江支流胥溪注入处，有"子胥渡口""伍子胥别庙"等古

长风吹送书画船

H
A
N
G

Z
H
O
U

迹。梁代大文学家吴均在《与朱元思书》中曾这样描绘过富春江的风景："自富阳至桐庐，一百许里。奇山异水，天下独绝。"而黄公望描绘的主要是富春江富阳至桐庐境内一带的景色，也是最为秀丽之处。

现在的富阳区东洲街道庙山坞是黄公望结庐处，他晚年曾在此隐居多年，现在建有黄公望纪念馆。富春江的美景成就了他的《富春山居图》，而《富春山居图》也让富春江名声大振。现代著名作家郁达夫就是富阳人，他曾有诗曰：

楼外楼头雨如酥，淡妆西子比西湖。
江山也要文人捧，堤柳而今尚姓苏。

意思是江山再美也需要有名人给予适当的吹捧，西湖如果不是有苏轼等人的诗歌赞美，想来也不会有今天这番名气。

或许我们也可以这么说，如果没有黄公望的这幅画，恐怕富春江也没有今天这么大的魅力，会吸引无数的文人墨客来此凭吊游览。

《富春山居图》就是黄公望与无用师再度游览富春江时，应无用师之请而绘。无用是个道士，名叫郑樗，字无用，号散木。因为樗树在木匠眼中为无用之材，故他字"无用"。他和黄公望属于亦师亦友的关系，所以后者称其为"师"。

据说当时两人结伴畅游富春江，看到眼前美景，十分快意。有一天，无用对黄公望说，像富春江这样的美景，你应该把它画出来。黄公望也觉得这是一个好主意，就下定决心。要知道此时的黄公望已年过七十，要画出这样一幅巨作绝非易事。根据黄公望在此画右上角所写題記，至正七年（1347）他们一起游览时便开始创作，但"阅三四载未得完备"，据说直到至正十三年（1353）才终于完成，历时七年。某种意义上可以说，这幅巨作的完成完全是一个奇迹，是老天爷给了黄公望一个留下传世杰作的机会。

《富春山居图》为纸本水墨画，是黄公望晚年的力作。以富春江为背景，描绘了两岸初秋的景色，峰峦坡石、松石挺秀、云山烟树，村落、平坡、亭台、渔舟、小桥等散落其间，布局疏密有致，变幻无穷。全卷用墨淡雅，山和水的布置疏密得当，用清润的笔墨、简远的意境，把浩渺连绵的江南山水表现得淋漓尽致。画面秀润淡雅，气度不凡，达到了"山川浑厚，草木华滋"的境界，给人咫尺千里之感，董其昌称其"展之得三丈许，应接不暇"。

黄公望作画时并没有按着纸的大小长宽构思，而是任凭个人的思绪流荡于山水之间，所绘山水可远观可近看，角度也千变万化。分为两截后，《剩山图》仅长约51.4厘米，《无用师卷》则长达636.9厘米，由此可见该画的恢宏气势。《富春山居图》被后世誉为"中国十大传世名画"之一，在绘画界地位与王羲之《兰亭集序》在书法界地位相当，被后世赞誉为"画中之兰亭"。

《富春山居图》完成后，黄公望即将此图赠予师弟兼好友的无用，他做梦也没想到，在他交出去的那一刻，此画便开启了富有传奇色彩的长达六百多年的流浪生涯，历经磨难，如今还分为两截，隔海相望。

六百多年来，此画真称得上是命途多舛，单单有记载的转手自无用大师开始就有十数次。在明成化之前，先是由画家沈周收藏，但他收藏时间很短，后来被人"巧取"。据说是沈周将画交给朋友题跋时，被朋友的儿子盗走卖掉了。此画丢失之后，沈周甚感惆怅，于是凭记忆背临下来聊以自慰。自此，此画如石沉大海，多年都没有消息，直到以高价出现在书画市场。

明弘治元年（1488），苏州府推官樊舜举以重金购得后，沈周为之题记，补叙自己收藏时已经是"一时名笔题跋，岁久脱去"的破旧情况，又从画家角度称赞其"墨法、笔法深得董、巨之妙，此卷全在巨然风韵中来"。

到了隆庆四年（1570），此卷又转入画家、鉴赏家无锡人谈志伊手中，太原王稚登和画家周天球都在次年得观并写观后记。

万历二十四年（1596），此画到了大书画家董其昌手中。董其昌十分喜爱这幅画，认为读这幅画可以使人"心脾俱畅"。但是董其昌在晚年时又将它卖给了宜兴收藏家吴之矩。

《富春山居图》一分为二后，依然是各路收藏家的心头好，开启了各自不同的命运。吴氏后人在清康熙八年（1669）将一尺五六寸的《剩山图》转让给扬州收藏家王廷宾。同治光绪年间，此画又被江苏江阴陈氏秘藏。

1938年，此画被上海"汲古阁"曹友卿购得，海上大家吴湖帆用古铜器商彝与他换购，不但题上黄公望好友张雨（号句曲外史）的题辞"山川浑厚，草木华滋"八个篆书大字，而且以小字真书题写了"画苑墨皇大痴第一神品富春山图。己卯元日书句曲题辞于上，吴湖帆秘藏"等字。吴湖帆对之十分珍视，收藏木盒上还刻有"墨皇"二字，还将他的住所称为"大痴富春山图一角人家"。

1949年后，当时供职于浙江省博物馆的沙孟海得知

〔元〕黄公望《富春山居图·剩山图》

《剩山图》的消息，觉得民间保存国宝的条件有限，担心此图受损，便赶去上海与吴湖帆商洽，想让他割爱，由国家收藏。吴湖帆不舍，沙孟海不仅自己多次前去劝说，还请出钱镜塘、谢稚柳等名家出面斡旋沟通，终于打动吴湖帆。于是，1956 年，高 31.8 厘米、长 51.4 厘米的《剩山图》来到杭州，成为浙江省博物馆的镇馆之宝。

至于那长 636.9 厘米的《无用师卷》，也是历经磨难。清顺治年间，此画被转手泰兴季寓庸家，继为高士奇所得。其后又辗转被王鸿绪、安岐等人收藏。乾隆十一年（1746）被购入清内府，收入库房保存。

嘉庆年间，杭州人、翰林院编修胡敬校阅石渠旧藏，这一经元、明、清三朝诸多鉴赏家审定，流传有序的杰作才被编入《石渠宝笈》三编，一直藏于清宫内府，不受打扰地在清宫里静静地躺了近两百年。清亡后仍藏于故宫，后来与一大批故宫文物一起被运往台湾，《无用师卷》与《剩山图》自此隔海相望多年，多少年来不知有多少人以未能见一眼真迹全卷为憾。

好在历史总是在前进的，《无用师卷》在21世纪初，终于与大陆观众见面。2011年6月1日，《富春山居图》终于在被焚360年后首次"合璧"展出，成为轰动一时的两岸交流盛事。

三、当画家只是个意外

如果能穿越，很多文人雅士都曾表示一定要去宋代。在这里友情提醒一下：穿越时一定要先学好历史，要是一不小心跑到了南宋末年，那真是哭都来不及。

听，北边传来了声势浩荡的马蹄声，越来越近，越来越清晰，他们正式踏足宋朝的版图，从此文人沦为这个国家最没有地位的一群人之一。饱读诗书的他们，将随着科举的一度被废变得百无一用，这其中就包括黄公望。

说到黄公望，按照现在时髦的说法，应该说他有些"佛系"，当然这么说好像也不准确，因为他信奉道教。说他"佛系"是因为他在晚年真的无欲无求，还特别好说话。像苏轼、赵孟頫等人，对于上门求画、求字的，都不会轻易动笔。黄公望却不同，他视钱财如粪土，完全是一副世外之人的做派。

黄公望虽然饱读诗书，亦有出仕之志，但一生颇多坎坷，还曾涉案入狱，最终心灰意冷，晚年决定放弃仕途，出家入道，此后专心山水画，终成一代大家。纵观他的一生，与《富春山居图》曲折流传的历史相比也毫不逊色，充满了传奇色彩，可以搬个小板凳说上三天三夜。

黄公望祖籍为江苏常熟，但他自称是浙江平阳人，这与他的童年生活有关。其实黄公望原来并不姓黄，而是姓陆，他于南宋度宗咸淳五年（1269）出生在江苏常熟城内一户姓陆的人家，父亲陆统为其取名陆坚。由于父亲早亡，母亲就带着他与哥哥维持家庭，一个女人带着两个孩子，在今天都不是一件容易的事，何况在那个年代。祖上又没给他们留下万贯家财，日子自然过得十分艰难。

后来不足十岁的陆坚被迁居常熟小山村的永嘉（今温州）平阳人黄乐看中，收为养子。晚年得子的黄乐很是开心，逢人便说："黄公望子久矣。"于是，陆坚便改名为黄公望，字子久。

聪慧的黄公望过继到经济宽绰的黄家后，颇受爱护。他自幼便按照宋代的人才培养模式，习通经作诗赋，通晓儒家经典，除此之外，还涉及绘画、音律等，还会填词谱曲。他在小山村读书习画、填写散曲，过着悠然自得的日子。12岁时，黄公望参加县里的"神童"考试，便一举入榜。如果不出意外，他会考取功名，学而优则仕。到婚娶的年龄之后娶邻村叶氏为妻，过上老婆孩子热炕头的理想生活。

但是，他生不逢时，赶上了朝代的更迭，满怀出仕梦想的饱学青年突然接到科举制被废除的通知，人生之路一下子变得迷茫。当时很多人被迫放弃功名，其中就包括元四家中的倪瓒、吴镇、王蒙。黄公望是元四家中唯一对功名抱有过幻想的，但给他的选择也只有一个——先去做小吏拼资历，要是谁能提携一把，或许还有当官的可能。

尽管这是一场人生的赌博，但不甘将所学付诸东流的黄公望还是决定去碰碰运气，就跟着一群江南才子排队等机会。

至元二十八年（1291），已经二十三岁的黄公望走出小山村，他选择的第一站便是杭州府，拜访了时任浙西廉访使的阎复和浙江参政使徐琰（后迁江南浙西廉访使），意在谋取一个糊口的饭碗。好在黄公望的学识涵养都非常不错，"面试"很顺利，后来就被这两人相继任用为书吏。

有了工作的黄公望就在"淡妆浓抹总相宜"的西湖边自己搭一间茅庐居住，在这间湖景房度过了一段舒心的日子。有房有工资还不用缴房贷，应该也不用经常出差、加班，于是他在工作之余，漫步西湖，广交文友，享受着"谈笑有鸿儒，往来无白丁"的惬意。

黄公望那时就已经特别喜欢与道教、佛教和书画界的人士结交，寺庙便是他很爱去的场所之一。正好，杭州大大小小的寺庙也极多，所以他的身影时常穿梭其间。杭州的山山水水自然给他留下了深刻印象，下面这首小诗就是黄公望欣赏西湖风光之余所作：

> 水仙祠前湖水深，岳王坟上有猿吟。
> 湖船女子唱歌去，月落沧波无处寻。

这首诗不仅写湖，更妙在写人，整首诗宛如一幅美丽的山水画，而画中的焦点就是唱歌的划船女子。

黄公望一直待到三十岁才离杭返家。关于他的离杭，还有一段插曲。在这七年中，他除了广交文友，在书法、作画、填词上都有不少长进外，对于道教的研究也更进了一步。他似乎对各类寺庙和道观有着别样的喜爱，西湖附近有一座宋代的，由王重阳弟子王处一得到朝廷赐建的全真道观——玉阳庵，是他最爱前往的去处之一。据传，黄公望曾得到玉阳庵一位道友馈赠的一件道袍，甚是喜爱。

众所周知，元代杂剧和散曲极为发达，出过关汉卿、白朴、郑光祖、马致远这样的"元曲四大家"。元杂剧对于文人雅士而言是生活里一味重要的调剂品，黄公望也时常与朋友侃戏。自从得了这件道袍之后，他便时常穿着侃戏。

某一日，不知道是不是黄公望真的太喜欢这件道袍了，当然也可能是没睡醒，他竟然身着道袍就跑去上班，碰巧被顶头上司、廉访使徐琰看到了。上班即使没有具体的着装要求，但是也不能想穿什么就穿什么啊。可想而知，作为单位领导的徐琰勃然大怒，当众把着装不得体的黄公望痛骂了一顿。文人最好的就是面子，这一下，被当众辱骂的黄公望感到自尊心受到了严重伤害，一气之下就提出辞呈，徐琰也没有挽留。辞职后的黄公望情绪不佳，美丽的西湖也未能消减他的愁绪，逗留数日之后，他决定暂时返家，带着些许遗憾结束了第一次仕宦之旅。

时光荏苒，黄公望再度入仕已是元至大四年（1311）了。这一年，他四十三岁，对于古人而言这不是一个年轻的岁数了。

这一年，黄公望与时任江浙行省平章政事的张闾不期而遇。在攀谈中得知黄公望尚未找到工作，原本就看重其才华的张闾决定免试录取，直接为黄公望提供了一份在衙中做书吏的工作。这对黄公望而言，无疑是雪中送炭，工作落实了之后，他将自己那间位于西湖边的茅舍重新整修了一番，安心地在西湖边住下。

一年之后，张闾得到调令，要前往大都（京城）任中书省平章政事，黄公望一同北上。延祐二年（1315），熟悉江浙情况的张闾受朝廷委派，再次回到杭州，行"经历田粮"之法，黄公望也随行回杭。可惜，张闾没能好好地办理差事，而是贪赃枉法，甚至引发了民乱，于当年九月"以括田，逼死九人"一案被捕入狱。黄公望也受到牵连入狱，时年四十七岁。

所谓"屋漏偏逢连夜雨"，就在他入狱的这一年，"通达儒术"的元仁宗重新开科取士，黄公望被关押后，当然丧失了这次机会。不过他在狱中得闻知己杨载在这一年科考中了进士，官至浮梁州同知，还是为好友高兴。他特意写了一封祝贺信，还附上一首七言诗一并寄去。虽然是祝贺信，但信中流露出的颓废之感着实令好友担忧，杨载马上回信，极力安慰好友，并承诺待黄公望出狱后便为其谋求出路。好在天无绝人之路，经朋友们积极奔走，再经朝廷查证黄公望与张闾贪污一案牵涉并不大，终于在被关五个月后重获自由。

杨载也遵守了之前的承诺，黄公望带着他的介绍信到松江知府汪从善处谋差使，但汪从善却未给他一个职位，黄公望出仕的希望再一次落空。他觉得无颜回去见家人，决定暂留松江。

中年失业，颇有点百无一用是书生的味道，吃穿用住哪都要钱，真应了这"家有千金，不如一技傍身"这句老话。黄公望正在为如何谋生发愁，突然想起自己早年拜访过那么多道观，还与那么多道士成为朋友，对算卦、占卜之术颇有研究。这算卦虽然算不上是正经营生，但好歹能让自己有瓦遮头，有饭填肚，被逼无奈的黄公望就在松江靠占卜算卦为生。他在松江结识了不少朋友，在书画创作方面也有了一些提高。这一段经历在事后看来，应该为他画出那幅杰作打下了基础。

四、寺庙偶遇赵孟𫖯

人生在世，总有那么一些事是说不清楚道不明的，可以认为是命中注定——谁能想到黄公望爱逛寺庙的习惯会为他最终成为一代名画家提供契机。

某一天，黄公望到附近的一座寺庙闲逛。不经意间，他看到一间禅房内，有人似乎在书写着什么，便走近想看个究竟。

等他走到窗前，才发现正在振笔疾书的是大名鼎鼎的江浙等处儒学提举赵孟頫。原来，赵孟頫是应人之邀，在为故友书写墓志铭。那时的赵孟頫早已名满天下，粉丝见到偶像，心情特别激动，黄公望竟然一句话也说不出来。

赵孟頫见窗外有人观看，就停下笔来，半开玩笑地说："这位先生，不知在下的字可入法眼？"

黄公望没有想到赵孟頫居然会主动与自己搭话，一时间不知该怎么回答，就脱口而出："阁下写得很好，只是感觉写得有些急促，不够舒缓。"赵孟頫一听颇为吃惊，他本就是带着对老友的怀念来写这篇墓志铭的，且因为有事要离开此地，所以写得有些匆忙，没有想到眼前这位年轻人能够看出来。于是他搁下笔，询问黄公望姓甚名谁、哪里人士。两人聊了一会，赵孟頫觉得这位后生很不错，便萌生了收他为徒的想法。他告诉黄公望，如果愿意，可以到自己这里来学画。黄公望听后大喜，连称："好……好……"

于是，一位"现役"的书画大家和一位未来的大家惺惺相惜，开启了一段真挚的交往。

黄公望在赵孟頫那里度过了一段很长的学习时光，除了绘画，他在书法上也获益良多。正所谓名师出高徒，在这样的"全才"的指导下，加上黄公望刻苦好学，技艺自是大有精进。最幸福的是，他还能时常站在一旁，看老师书写《千字文》《快雪时晴帖》等书法帖品，这样的机遇不知道艳羡了多少人。

快乐的时光总是过得很快，黄公望在赵孟頫那里学了几年，书画功力都大有长进，获得赵孟頫颇多赞赏。哪怕离开了老师，黄公望依然坚持居家自学，细细回忆揣摩老师所教授的知识，复习之后再勤加练习，真是妥妥的"学霸"。

先天才气加上后天努力，黄公望终于在年过半百时找到了自己最适合的人生道路——绘画。黄公望在外游历多年，无数风景镌刻于心，于是专攻山水，大量临摹唐代文学大家王维，五代时期的董源、巨然等名画家的作品，从中体会名家的风格特色。他还将自己的绘画心得写成了《写山水诀》这部理论著作，阐述绘画理念、画法、布局、意境等。《写山水诀》因为被陶宗仪收入《南村辍耕录》而得到流传。黄公望在《写山水诀》中提出"作画大要去邪、甜、俗、赖四个字"。这一时期他的山水画已有出神入化之象，也渐渐为外人所知。

投身书画的黄公望自此便安居于小山村，作画之余，也时常外出云游，换现在的话来说就是采风，以书画为媒，广交朋友。黄公望有个忘年交名叫危素，字太朴，是翰林学士，博学善文，工书法，比黄公望小了三十多岁，对他的作品甚为钦佩，在黄公望画名未显时便已第一个跑到他家中索画。黄公望也很看重两人的友谊，将所绘就的《春山仙隐》《茂林虚阁》《虞峰秋晚》《雪溪唤渡》赠予危素，并题记："太朴先生颇喜余画，每有所委，必婉词相慰。盖亦知绘事之不可急取也。此四幅兴发则挥，思适则止。"

黄公望出狱后经过十多年的静修反思，回顾自己的半生，彻底看破红尘之累，决定加入全真教。元天历二年（1329）春，黄公望与志同道合的好友倪瓒相约，跋山涉水来到平阳飞云江畔，遁入浙南大山圣井山中。在圣井山主峰顶上的道观天瑞庵中，两人拜道长金月岩（又称金志阳、金蓬头）为师，正式加入了全真教。从此以后，黄公望自号"大痴道人"。

作为艺术家，没有毅力难有成就，而像黄公望这样的都不能简单说是有毅力，而应当说成是执着，颇有点一根筋的意味。他决定将画画作为自己的追求，就全心身地去画，如今决定入道，便又全身心去修行。修行就修行吧，偏偏选择在天瑞庵西侧的洞穴里修行。要知道那可是江南地带啊，雨水充沛，这里的人得个风湿关节炎啥的都不奇怪，更何况是在山洞里，那滋味可真是难以想象。可黄公望呢，竟然一住就住了五年之久。他崇尚苦修，为自己取名"苦行"。因为洞穴位置居于圣井山正西侧，又给自己取道号"井西道人"。在洞穴外有擎天一峰独立于当口，所以他又有了"一峰道人"的雅号。当然，他在习修道法的同时也没有忘记作画。

黄公望帮助师傅金月岩编撰完成《内丹典籍》。在六十五岁时，他辞别师傅，踏着层层落叶回到家乡。此次回来，黄公望跟之前有很大的不同，归乡却不居家。因为他修的乃是全真教南派道学，需守不近女色等清规戒律。他搭了几间茅庐，独居在虞山西麓边的小山附近，严守戒律，始终拒住家中。

不过世俗的生活他可以拒绝，美丽的自然山水他始终无法忘记。离杭多年，杭州的那些名山秀水依旧让他魂牵梦萦，也忍不住想念自己的那些至交好友，甚至会念及自己的"大痴茅庐"是否依旧。于是在至元四年

〔元〕黄公望《秋山招隐图》

（1338），已是古稀之年的黄公望再赴杭州，畅游西湖，在筲箕泉搭建草庐，并正式命名为"大痴庵"。此后数年中，黄公望以老弱之躯多次往来于虞山、松江、昆山、苏州、吴江、杭州等地。他从事绘画已逾四十年，虽然早已成就斐然，但他从未满足，"每问水寻山，探奇历胜，触景会心，觉笔端生意勃勃，然尚感有所未逮"。正是这种永远不满足的心态，为他创作《富春山居图》等名画奠定了坚实的基础。

晚年的黄公望，依旧不惧长途跋涉，时常来杭州，因此在杭州留下了一幅幅名画。元至正十年（1350），黄公望已是八十二岁的高龄，他再次云游到西湖和富春江等处，作画会友，逗留近一年。

黄公望对富春山水十分喜爱，不画不足以抒情，愈画就愈加喜爱。除了《富春山居图》之外，他还画有不少描绘富春江的作品，如《富春大岭图》《浮岚暖翠图》《秋山招隐图》等。

至正十四年（1354）十月二十五日，黄公望安然去世，享年八十六岁，在那个时代这绝对算是高寿了，是真正的寿终正寝。黄公望去世后归葬于虞山西麓。

"江山依旧在，几度夕阳红。"若有机会来浙江，不妨在游览西湖美景之后，再到富春江的山山水水间寻一寻黄公望的足迹，看一看这些曾在他眼中出现过的景色，和大师来一场穿越时空的对话。

第十一章

"蓝出于黄"
——画家蓝瑛与西湖

一、"西湖十景"与"西湖山民"

春来"花满苏堤柳满烟"，夏有"红衣绿扇映清波"，秋是"一色湖光万顷秋"，冬则"白堤一痕青花墨"。一年四季，风景从未在这座城市缺失，难怪历代文人都恋恋不舍。

"江南忆，最忆是杭州。山寺月中寻桂子，郡亭枕上看潮头。"杭州的美很大一部分得益于西湖，西湖的精华当属南宋时评选产生的"西湖十景"，而这些名字的由来，大部分得归功于宋代画家。南宋画院的山水画大多以四字命名，他们本就生活在杭州，对于西湖再熟悉不过，近水楼台先得月，西湖成为他们的创作源泉也是理所当然。马远画有《柳浪闻莺》《平湖秋月》《两峰插云》，陈清波画过《苏堤春晓》《断桥残雪》《三潭印月》《雷峰夕照》等西湖景迹，"西湖十景"之名也在南宋时慢慢形成。即使是没来过杭州的人，大约也能脱口而出"断桥残雪""苏堤春晓"这样的名词。

自古以来，甘当杭州免费宣传员的文人墨客不在少数。2012年的一次春季拍卖会上，有一组《西湖十景图》以人民币20125000元的高价成交。这十幅条屏绢本设色，图章款，行书分题"三潭映月""两峰插云""雷峰夕照""柳浪闻莺""苏堤春晓""曲院荷风""飞来洞壑""南屏晚钟""段桥残雪""花港观鱼"。十幅之间，春夏更替，秋冬轮换，屋宇俨然，林深无尽。人物形态各具风采，曲水环绕草木增辉。这组《西湖十景图》是存世的完整描绘西湖十景的国画之一，它的作者便是明末有"武林派"鼻祖之称的职业画家蓝瑛。

这里的"武林"和中国传统武术无关，只是因为杭州的别称就是"武林"，所以本为杭州人的蓝瑛所创立的绘画门派也就被称为"武林派"。如清代鉴赏大家沈宗骞在《芥舟学画编》中就明言"蓝瑛倡为武林派"。

蓝瑛何许人也？我国四大古典戏剧之一的《桃花扇》中对他有这样的描述：

（小生扮山人蓝瑛上）美人香冷绣床闲，一院桃开独闭关；无限浓春烟雨里，南朝留得画中山。自家武林蓝瑛，表字田叔，自幼驰声画苑。与贵筑杨龙友笔砚至交，闻他新转兵科，买舟来望，下榻这媚香楼上。此楼乃名妓香君梳妆之所，美人一去，庭院寂寥，正好点染云烟，应酬画债。不免将文房画具，整理起来。

（作洗砚、涤笔、调色、揩盏介）没有净水怎处？

（想介）有了，那花梢晓露，最是清洁，用他调丹濡粉，鲜秀非常。待我下楼，向后园收取。

蓝瑛绘画所用的净水竟然以"花梢晓露"来做，可见他本人的清雅格调和对画作品质的追求。据说褚遂良写字讲究用纸，没想到蓝瑛绘画连用水都这样讲究，那么他的画又该怎样精致呢？

蓝瑛生于明神宗万历十三年（1585），卒于清康熙三年（1664），一说为康熙五年（1666），字田叔，号蝶叟，晚号石头陀、西湖研民、山公等，又号东郭老农，钱塘（今浙江杭州）人，家住杭州城东横河桥附近。他的居所自题榜额曰"城曲茅堂"，虽不如"西湖十景"，倒也有独到之美，后人赞美此地山岚落霞、高阁嘉树，主人好客、胜友流连。

蓝瑛自小家贫，为了生存，他放弃读书出仕的路径，将绘画作为自己的人生追求，立志靠绘画成名。他在年少时拜杭州的一位画工为师，学习描绘一些刻画细致工整的界画、人物画，其风格在南宋以来的钱塘画院中属于写实派，这段学习生活为他今后靠画画为生打下坚实基础。

当然要成为画家，除了后天的努力，先天的才华也很重要，蓝瑛在很小的时候就散发出绘画的天才光芒。

那是蓝瑛七八岁时，有一天，家人见他趴在地上好久，手里似乎是在画着什么线条，就走过去看，一看不由得大吃一惊。原来蓝瑛居然在地上用石灰画了一幅巨大的群山图，山上层林密布，云雾缭绕，有气象万千之势。他父母知道此事后非常高兴，认定这蓝瑛有绘画才华，从此就有意往这方面进行培养。果然，还不到十岁的他很快又给父母一个惊喜。有一次，父亲让蓝瑛临摹皇室画院的作品，没想到没用多长时间，他就画出了一幅宫廷巍峨、人物生动的作品，其线条之流动，人物神态之微妙，已经超过了那些御用画师。尽管这些传说可能有夸大之处，但说蓝瑛有绘画天分却是符合事实的。

至于那一组《西湖十景图》，蓝瑛也是匠心独运，画出了自己的个性，更画出了西湖十景的特殊之美。他以"飞来洞壑"替换了常见的"平湖秋月"，这飞来洞壑画的是灵隐的飞来峰，这一换是用实景代替了虚景。综观这十幅西湖美景，从时间看，画出了西湖的四季之美；从空间看，既有青山秀水，更有屋舍俨然、茂林萧景。而从色彩变化及风格看也是各具特色，其中"两峰插云"为青绿重色，画法工细，色调浓丽；"断桥残雪"则描绘出江天寥廓的意境，与今天总是熙熙攘攘游客不断的景色大异；位于西湖南岸的"柳浪闻莺"设色雅丽，诗意盎然；"花港观鱼"为了表现景色层次，用笔横劈竖砍，大开大合。至于其他诸景，也是各有变化，或含蓄典雅，或笔力苍劲。

这组画从整体风格看，充分吸收了宋元各家之长，其中受黄公望影响最大，因此体现出浓郁的文人画气息。这一组画虽然不是完全按照实景描绘的，但大致忠实于西湖的原貌。仅此一点，这组画就有很高的历史价值，人们可以借此了解那个时代的西湖和今天相比有哪些异同，故有学者评价道："世事变迁，其景亦然，睹此可知昔日西湖胜概，浙籍人士尤宜珍视之。"

除了《西湖十景图》，蓝瑛还创作过很多表现西湖美景的作品，在他的不少存世作品上，都可以找到"画于西湖之舟次"的字样。终年枕水江南，晨夕与湖静对，蓝瑛可谓是描绘西湖十景的最佳人选。他喜欢在自己的画上用"西湖外史""西湖外民"等落款，晚年还以"西湖山民"自居。

〔明〕蓝瑛《两峰插云》

蓝瑛有一个号为"蝶叟"。他用自己天才而勤奋的一生很好地诠释了化茧成蝶的蜕变过程。而长期居住在西湖之滨，美丽的自然风光也极大地激发了他的创作灵感。

二、结识董其昌

青年蓝瑛所处的时代，收藏大家、画家董其昌领衔的"松江画派"风头正劲，主导着当时的艺术界。此时，"浙派"名家戴进、吴伟作古已近百年，浙派风头已经日薄西山，文人画成为一时风气之先，蓝瑛的学画之路也不可避免受这种风气的影响。青年蓝瑛悟出一个道理：要想真正在画坛立足，获得更大的空间，就必须提高自己的社会地位，打造属于自己的"朋友圈"。而这朋友圈中，必须有董其昌这样的画坛大佬。

不过，当时没有名气的蓝瑛，知道自己暂时还没有直接和董其昌对话的资格，他决定采取先与董其昌有往来之人结识的方法，慢慢寻找接近董其昌的机会。

万历三十五年（1607），二十出头的蓝瑛迈出了人生最要的一步——前往松江拜访在华亭故里隐居的书画家、收藏家孙克弘。孙克弘为人慷慨好客，稍有一技之长投奔到他门下的人，都可以得到接纳和金钱报酬。所以背井离乡来此的蓝瑛不但能暂时寓居，还能在孙府看到不少古画名作。更重要的是，孙克弘交往极多，和董其昌也多有往来。于是蓝瑛没等多久，就等到了结识董其昌的机会。

一个看似极为平常的日子，蓝瑛正在孙克弘府上一边和孙克弘闲聊，一边观摩古画，忽然听到孙府下人说有贵客来访。孙克弘问来者是谁，下人回答说是董其昌大人。孙克弘连忙说："快请快请！"然后和蓝瑛说："今天你有机会认识董其昌了，等下我会介绍你俩认识。"
蓝瑛听后也是激动不已。

不一会，董其昌来到会客厅，和孙克弘寒暄了几句后，看到蓝瑛坐在一旁，就问这个年轻人是谁。孙克弘说，这是蓝瑛，虽然年轻，画却不错。董其昌一听，就让蓝瑛把以前的作品拿出来看看。董其昌一连看了几幅，发现蓝瑛果然很有才气，便问蓝瑛的年龄，得知比自己小了三十岁，不由得连连称赞："果然是青年才俊，假以时日，前途不可限量啊！"

有些激动的蓝瑛当即要拜董其昌为师，董其昌说："你在这里有克弘兄指点，肯定会大有长进，我也会不时过来看看指点一二的。"他并没有答应蓝瑛的拜师请求，但表示二人可以成为忘年交。

果然，在孙克弘和董其昌的指点下，蓝瑛的绘画技艺突飞猛进。不久，孙克弘不幸去世，蓝瑛被董其昌接到自己那里，从此他就追随董其昌左右，成为董氏弟子中的一员。

蓝瑛在董家的另一大收获便是可以见到大量的珍贵藏品，比如北宋书画名家赵令穰的《荷乡清夏图》、元代黄公望的《富春山居图》这样的绝世珍品。董其昌极为推崇黄公望，模仿过他的多幅作品。蓝瑛受其影响也大量临摹，在山水画的风格上很有黄公望的特色。当然，除此之外，董其昌所推崇的一系列山水名家如王维、关仝、李成、董源、巨然、米芾、赵孟頫、倪瓒、方从义……都成为蓝瑛的模仿对象。大量的仿古、摹古让蓝瑛积累了丰富的绘画经验，打下了扎实的笔墨功底。

这时，董其昌告诉蓝瑛，不能只是一味地模仿，而是要博采众家之长，才能自成一格。因此在蓝瑛很多作品的题款中，尽管有"仿张僧繇""法荆浩""仿王蒙"等字样，其实那些画都融入了他自己的风格。

蓝瑛在松江待了不短的时间，在此期间技艺突飞猛进，但他没有选择融入松江画坛成为"松江画派"中的一员。因为蓝瑛对于绘画是有野心的，那就是不但要成为大家，而且要创立自己的门派。在深入学习古人的同时，他广泛游历，悉心观察生活，并在晚年选择回到故乡杭州定居。

从五十多岁开始，蓝瑛逐步摆脱"松江画派"的束缚，在绘画技巧上，董其昌的影响也日渐消退。他以功力深厚的笔墨技巧，结合多年临摹所得宋元文人画的笔墨意境，融入多年游历山川的所见所思，终于熔铸古今，独开门庭，成为明末清初南北宗分野的画坛版图上一个非典型的浙派代表性画家，也是"武林画派"的代表人物。

晚年是蓝瑛一生最精彩的时期，随着思想的成熟和境界的提升，他的作品渐渐趋向苍劲疏宕，画风也呈现出多种面貌。《中国书画鉴定丛论》对他的评价是："蓝瑛的山水，笔法精练，墨法浑朴，构图奇特。"有人评其晚年画风"绝似仲圭，复似启南"，一针见血地道出蓝瑛画风在渊源上与文人画的关系和晚年苍劲雄浑的画风。

千百年来，为祖国锦绣山河传神写貌的画家有很多，但能够开宗立派的屈指可数。作为一名职业画家，蓝瑛勤奋且专注，他用一生的时间向世人证明，即使是天才也需要付出努力。人决定不了自己的出身，但却可以通过努力改变自己的生活。脚踏实地、不断进取、活出自我，才可以破茧成蝶、名垂青史。

三、"武林"高手

大约是在公元1644年，明末清初著名的史学家、文学家张岱和书画家王铎一起南下到杭州，张岱随身携带了一把蓝瑛画的扇子——这一年蓝瑛有六十岁了，在绘画界也已经很有名了。但王铎不喜欢蓝瑛的画，竟然拿刀裁去了扇面上截，又补上纸，自己画上淡淡的远山。

虽然张岱记录了这事，但内心估计不认同王铎的做法，因为他很欣赏蓝瑛的画，不仅多次在蓝瑛的画上题跋，还曾将蓝瑛与黄公望、米友仁这样的名家相比。再来说说王铎的这个行为，他是真的觉得蓝瑛画得不好吗？恐怕未必。王铎在意的更多的应该是蓝瑛的身份——职业画家。蓝瑛的山水画有个专有名词叫"蓝家样"，他一直没有大红大紫的原因多半也源于此。

所谓职业画家，就是靠卖画为生，现在有人愿意花钱买你的画是对你的认可，但当时的文人是不屑于卖字卖画的，所以职业画家的地位远逊于文人画家。简单说来，在蓝瑛那个年代，职业画家就是个卖画为生的手艺人，而对于"文人画家"来说，绘画是用以怡情养性、抒发胸怀的，是为了展示文人的艺术趣味和审美境界。所以自元代文人画兴盛后，对职业画家的轻蔑就成了社会上的约定俗成，一说到职业画家，文人们往往带着几分鄙夷，似乎职业就代表着俗气。因此蓝瑛能以职业画家的身份最终开创"武林画派"，确实很不容易。

其实，那些瞧不起"职业画家"的文人画家，多少误解了蓝瑛，明朝袁宏道所著的《西湖杂记》中的一则故事就是很好的例证。

那是在蓝瑛的晚年，创作了一生的他已经有些精力不济，但他还是坚持作画，因为他收留了很多家境贫苦的朋友，甚至有一些是根本不认识的贫民，所以他要靠卖画筹款为这些人提供食宿。

袁宏道有一次在蓝瑛家看到有一位老者上门乞食，老者虽然衣服破旧，言谈举止却像个读书人。蓝瑛热情接待了老者，不但和他一起吃饭，还送给老人一些食品和衣物。袁宏道就问蓝瑛："这个人是你的亲友吗？"蓝瑛回答说："不是。这位老人是我的同乡，如今无依无靠，所以我要帮助他。"袁宏道听后大受感动，也开始理解蓝瑛为何一定要卖画为业。

过了几天，袁宏道又碰到这位老者，老者也认出了他，就问袁宏道："我有一幅李勔的《山水便面》，先生是否有意收藏？"袁宏道知道此人和蓝瑛的关系，就很大方地以十倍的价格买了下来。此事被蓝瑛知道后，为了感谢袁宏道，蓝瑛就经常为他作画，而且分文不收。即便后来两人分处两地，蓝瑛还不时托人捎去自己的新作，对此袁宏道十分感慨："没有想到我当初的一点大方，让我获得了成百倍的收获。这蓝瑛老友，世人对他太不了解了吧！"

尽管这则故事有些夸大，但大体是真实可信的，它从一个侧面说明蓝瑛的慷慨好施，为了帮助他人不遗余力，对帮助过自己的人更是赤心相待。

既谦虚好学，又虚怀若谷，这样的蓝瑛只要能摒除门第之见，自然大受欢迎，所以门下追随者越来越多。

要说蓝瑛完全不在意别人对他职业身份的鄙夷，估计也不现实。但他采取了正确的处世态度：凭本事说话，凭良知生存。因此他遇到了一大批真正懂得欣赏他作品的人。张岱之外，孔尚任也毫不掩饰对蓝瑛的欣赏，除了收藏了不少蓝瑛的作品之外，在其大作《桃花扇》中还多次提及蓝瑛，比如在"题画"一折中，重访媚香楼的侯方域巧遇寄居此地的蓝瑛，就欣然为蓝瑛的山水画题诗一首，借画境抒发乱离之叹。侯方域题画这件事虽然虚实难辨，但孔尚任对蓝瑛的欣赏显然非同一般。

四、西湖雅集

夕阳西下，晚霞万千，美丽的西子湖上，游船大都已返航，却有一艘美丽的画舫正离岸而去，它的目的地就是湖心亭。

此刻，船上欢声笑语，蓝瑛与各位好友正凭栏观赏西湖美景，同时不忘手中正在绘制的扇面。没有办法，向他索画的人太多，也许这个夜晚，他没有太多时间饮酒品茶了。想到这里，他不禁轻轻摇了摇头，手中的笔又加快了不少。

这是蓝瑛参加的无数次"雅集"中的一次，但每一次参与，蓝瑛都很兴奋，因为眼前美丽的西湖，他怎么看也看不够。有时他甚至感觉自己的笔墨过于笨拙，画不出西湖的柔美。

所谓"雅集"，是古代文人雅士酬唱聚会的一种形式，包括宴饮游玩、即兴书画创作和艺术鉴赏等内容，在中国文人群体中有悠久的传统。蓝瑛生活的明代中晚期，文人雅集更加普遍。至于具体形式，既有官僚富商赞助的雅集，也有文人自己组织的雅集，还有一些文化世家承继传统，也常邀请社会名流、达官名儒参加雅集。蓝瑛既然是"武林画派"的开创者，门下追随者自然众多，

〔明〕蓝瑛《断桥残雪》(局部)

参加雅集更是频繁。杭州因有美丽的西湖，故西湖雅集很受欢迎，文人骚客既能在岸上游览，又能泛舟湖上。如晚明时期，富商汪汝谦的湖舫雅集在杭州西湖一带即享有盛名。汪氏祖辈以经商起家，至汪汝谦才以文学名世，"与董其昌、文徵明、陈继儒、钱谦益诸公相友善"。因汪氏任侠好客，广为交游，名流雅士、艺伎优伶皆与之过往甚密，例如那位"金陵八艳"之一的柳如是，来杭州时就多次借汪氏那艘有名的画舫在湖上游览。

不过蓝瑛参加雅集，很多时候是为了善事，不仅仅是饮酒作乐。

说起来蓝瑛对西湖景点的修缮还做出了很大贡献，那是在崇祯五年（1632），状元韩敬倡议修复多年失修的西湖两亭，即湖心亭和放鹤亭，得到众多文人墨客的赞同，其中湖心亭的修复工程就由蓝瑛监管。

待到工程完工后，蓝瑛参加了汪汝谦举办的西湖雅集，汪氏后来在《随喜庵集》中记录了部分参与者，有官员曹安祖、诗人徐天麟、画家蓝瑛、文人画家葛徵奇、汪氏族人汪善卷等名人大家。毫无疑问，蓝瑛参加这样的雅集，其绘画才艺和名声无疑会得到更为广泛的传扬。

此次雅集是一场由汪汝谦出面举办的品茶会。杭州以产茶著称，西湖龙井更是名扬天下，以茶会友自然是当时常见的雅集方式，席中还有戏班助兴，因为汪汝谦的戏曲家班在江南颇负盛名。为了更好地应酬，蓝瑛事先备了大量的金笺扇面。因为扇面较小，无论题诗还是绘画都能在短时间内完成；而且在金笺扇面上作画，既易于藏拙又显得雅致，别有韵味，最重要的是笔墨写在上面很快就容易干透，适合快速作画。

其实蓝瑛当初学画不久即加入了钱塘县书画社，也就少不了参加各种雅集。例如公元 1622 年，众社友游春观海棠，归来后社友孙杕作海棠画轴，蓝瑛即题诗其上。再如公元 1645 年春，蓝瑛与画社好友杨文骢、张吉友在玄墓观梅，作《煎茶图》。

据记载，蓝瑛与谢彬曾合作纪事图《摩笛图》，将雅集中汪汝谦听音乐的场面以绘画的形式记录下来："云友与天素俱宫妆，一吹竹一弹丝，坐梧桐下，对面坐石而倾听者为然明。设色古雅，居然周昉笔意。"彼时参加雅集的不都是男性，也有女性，反映了那时的社会风气比较开放，如陈文述便有诗《题杨云友林天素两女士小影》，称小像由谢彬为杨慧林、林雪二人写，蓝瑛补图，估计就是在雅集中所画。题字和诗中提到的"云友"名杨慧林，钱塘人，"天素"名林雪，福建人。两女并通文翰，解音律，尤精绘事。她们曾居住在杭州以卖画为业，在借居汪汝谦家期间，结识了杭州本地多位名人，并共同参加雅集。

　　总之，西湖雅集既是文人交游和娱乐的平台，也为蓝瑛这样真正的艺术家提供了展示才艺、提高自我的空间。雅集这种文人聚会，使得艺术家在一个特定的时间空间内尽情发挥自己的才艺，也许就在饮茶品酒中，灵感突然出现，一幅杰作就此诞生。因此，文人雅集即便在今天也还是具有生命力的，虽然它的具体形式有了变化。

第十二章

我行我素
——画坛怪杰陈洪绶

一、祖师爷赏饭吃

外六桥头杨柳尽，里六桥头树亦稀。
真实湖山今始见，老迟行过更依依。

这是清顺治六年（1649）正月，陈洪绶面对萧条的西湖所画《西湖垂柳图》上的配诗。

陈洪绶是谁？民间都称他"陈老莲"。

陈老莲又是谁？是影响了中国绘画界包括"三任"在内的很多画家画风的牛人，是中国 17 世纪最伟大的人物画家，被誉为"力量气局，超拔磊落，在仇（英）、唐（寅）之上，盖三百年无此笔墨也"。其一生以画见长，尤其擅长人物画。他本是浙江诸暨人，却与杭州颇有渊源，是杭州艺术史上非常具有影响力的画家，一生也极具传奇色彩。

陈洪绶（1598—1652），字章侯，号老莲，遁入空门后，又自称悔迟、勿迟。他生活在明末清初，其头衔除了著名书画家外，还有诗人、儒客大家等。一般而言，能有这样成就的人出身应该都不错，陈洪绶祖上便是官宦世家，家学渊源。早在元代，陈洪绶的先人就建了"日新楼"用以藏书，到他祖父陈鼎的时候又建了"宝书楼"。所以后来陈洪绶建造"七章庵"，用以收藏先人所有著述以及先人所藏古籍、字画，大学者俞樾后来称"七章庵陈氏藏书遂为越中冠"。不过凡事物极必反，陈洪绶出生时，陈家已露衰败之象，到他父亲一代已是家道中落，而且他九岁时父亲便已过世。写到这里，估计有读者会联想到一个人，那就是鲁迅。的确，两人的家世有很多相似之处，都是父亲很早去世，最终两人都走上文学艺术道路且成为一代大家。

陈洪绶幼年时就喜欢绘画，因为定有娃娃亲，他四岁到岳父家私塾去读书，看到人家粉刷一新的墙壁，爬上桌子就在墙上画画。一般来说，小孩在别人家墙上随便涂鸦那是要受责罚的，可要是在进行艺术创作，就另当别论了。他随手画上几笔，就是一幅八九尺高的关羽像，拱手而立，栩栩如生。不知情的老丈人进来一见，吓得赶紧下拜，等知道是自己这才四岁的女婿所画，老丈人是又惊又喜，感觉自己撞到大运，捡到了宝贝。

天分极高的陈洪绶在父亲过世后，就由亲戚带着前往杭州跟随大画家蓝瑛学习。蓝瑛见到他的画后赞叹道："此天授也。"杭州画家孙杕看了他的画直接说道："使斯人画成，道子、子昂均当北面，吾辈尚敢措一笔乎？"意思就是：陈洪绶的画，连吴道子和赵孟頫都比不上，我更是连一笔也不敢画了。他们果然是慧眼识珠，陈洪绶后来便与自己的老师蓝瑛，以及丁云鹏、吴彬合称为"明末四大怪杰"。

对于绘画，陈洪绶自小便有一套自己的理论。年少时，他曾在杭州学府里见到李公麟的七十二贤石刻像，便花了十天时间去临摹，别人看后都说很像，他听后自我感觉挺不错。后来又去临摹了一遍，加入了自己的想法，结果别人一看都说他临得不像，他听后更加高兴了，因为他已经开始领悟绘画的真谛了，那就是绘画不能过于追求真实，越真实反倒离艺术越远。

成年之后，陈洪绶又跑到绍兴蕺山拜著名学者刘宗周为师。刘宗周，人称蕺山先生，是位极具传奇色彩的人物。他是万历二十九年（1601）进士，后因上疏弹劾魏忠贤而被停俸半年并削籍为民。这人按现在的说法就是有点轴，因为他在复职后又因为上疏与朝廷意见不合再度被革职削籍，直到南明弘光朝才复官。但这人大概真的不适合走仕途，最后还是因为与大臣马士英、阮大铖不合而辞官归乡。虽然他在朝廷混得不如意，却具有强烈的忠义之心，弘光元年（1645）五月，清兵攻陷杭州的消息传到绍兴，正在吃饭的刘宗周当即推开食物大哭，继而绝食。清廷的贝勒爱新觉罗·博洛来聘请他出山为官，他"书不启封"，绝食二十三天之后，于闰六月初八日过世。

刘宗周学识渊博，遵从王阳明的学说，提倡"诚敬"为主，"慎独"为功，被人称为"千秋正学"。他的学识和人品都极为出众，深深影响着他的学生们。他一生为官不顺，但是教学相当有一套，除了陈洪绶，刘宗周的门下还有黄宗羲、陈确、张履祥、祁彪佳等著名学者与气节之士，世称"蕺山学派"。

大凡天才似乎不配个奇特的身世就不足以彰显他的才能，陈洪绶多少也是符合这条规律的，甚至很多方面更为出格。据说他的父母都过世后，兄长想独占家产，也许是因自己一技在手，走遍天下都不怕，陈洪绶没有据理力争而是超脱地拱手相让，等于是被扫地出门，自此开始浪迹天涯。

其实陈洪绶一开始也是打算走科举之路的。明万历四十六年（1618），他考中秀才，但崇祯三年（1630）的会试没有考中，仕途暂时无望，遂专心画画。崇祯十二年（1639），陈洪绶前往京城宦游，第二年他因捐资——也就是花钱买官——入国子监，召为舍人，奉命临摹历代帝王像，因此获得观看内府所藏名画的机会。这对醉心绘画的他来说，可真是大大称了心意。自此他的绘画技艺大为精进，名扬京华，与善于画人物画的顺天人崔子忠并称为"南陈北崔"。至于仕途，他原本可以一帆风顺，但当他面对明末的乱局的时候，虽然没有如他老师刘宗周一般愤而上书，但言行思想深受恩师以及石斋先生黄道周等师友的影响，对这些乱象心生厌恶，所以在崇祯帝任命他为宫廷画家时，他没有就任。

崇祯十六年（1643），陈洪绶南归后回老家绍兴隐居。次年明朝覆灭，清兵入浙江后，陈洪绶前往绍兴云门寺避难，削发为僧。局势暂且安定下来后，他觉得自己没能以身殉国，相当惭愧，于是自称悔僧、云门僧，改号悔迟、老迟。不过他没有就此遁入空门，一年后就还俗了，毕竟是"岂能为僧，借僧活命而已"，"酣生五十年，今日始见哭"。以后他就一面学佛参禅，一面在杭州、绍兴等地以卖画为生。

公元1649年初，陈洪绶移居杭州，居住在火德庙西爽阁，这是他生命中的最后三年，时间不长却是他创作的高峰期，先后完成了《归去来图》《四乐图》《溪山清夏图》《折梅仕女图》等传世名作。

〔明〕陈洪绶《折梅高士图》

二、性情中人陈老莲

陈洪绶名气大了，求画之人自然多了。据传有一位官员想要骗取陈洪绶的画，便称自己有幅古画，不知是宋画还是元画，请陈洪绶去帮忙鉴定一下。陈洪绶因为好奇，决定前去一观，就上了那位官员准备好的游船。谁知他一上船，那位官员就命人开船，随即拿出一块绢，执意要陈洪绶为他画画。被诬骗的陈洪绶勃然大怒，一边破口大骂，一边准备跳船，那位官员看到这宁死不从的架势只得作罢。后来那位官员又委托他人代为求画，可陈洪绶就是一笔都不肯画。

陈洪绶的性格狂放不羁，偶尔也出入风月场所，因此被冠以"好色"之名，其实这"好色"多少与他的怪脾气有关。他的画名响亮之后，达官贵人纷纷上门求画，但他却偏偏不应允，出再高的价也不画。相反，只要那些歌妓向他求画，他总是爽快应允。那些试图收藏或收购他的作品的人就时常跑去风月场所，辗转请那些歌妓代为求画，竟然多有收获。久而久之，就有了"人欲得其画者，争向妓家求之"的传闻。

此事一传十，十传百，传到最后，已是真假难辨。清军入浙时，陈洪绶在浙东被大将军固山额真所掳，后者得知他便是大名鼎鼎的陈洪绶，大喜过望，当即就要陈洪绶作画。依陈洪绶的脾气自然是不肯画的，固山额真拿刀威胁他也毫不妥协。后来有人告诉固山额真，可以找一位歌妓来试试。固山额真也听过那个传闻，遂投其所好倒上美酒，再令歌妓陪酒，终于得偿所愿。

不过，倘若因这些传言就说陈洪绶"好色"，其实是冤枉了他。在陈洪绶看来，那些陷入烟花柳巷火坑的歌妓，其实都值得同情。而她们对无权无势的陈洪绶，也常常表示出最真诚的敬仰，陈洪绶的才华更是让她们佩服。这就如同宋代的秦观、柳永，既然不能在仕途上飞黄腾达，那就在那些才女歌妓身上获得赞美吧。当然，这是古代文人普遍存在的不良习性，无论怎样都不值得提倡。

陈洪绶的一生中，除几次北上北京外，其余时间差不多都在江南度过，主要活动地域是杭州和绍兴。除了早年来杭跟随蓝瑛学画之外，他还在公元1619年到杭州法华山里为沈允范画竹。据说陈洪绶从外地来杭州时常住在定香桥畔，确切说应该是住在定香桥畔的定香寺内。陈洪绶在杭州没有落脚之处，只好寄居在寺庙里。

从杭州苏堤进花港观鱼东大门要跨过一座小桥，位于映波桥与锁澜桥之间，至今尚存。那桥实在是太小太短了，以致谁都不会停下脚步，甚至没有人会朝它多看一眼。可就是这么一座普通得不能再普通的小桥，古时候却是名声远扬，甚至比花港观鱼的名气都大。

四大名著之一的《水浒传》写梁山军与方腊军在杭州作战时便写到了定香桥："南山吴值，也引着四将，迎着宋兵追赶，急退回来。不提防定香桥正撞着李逵、鲍旭、项充、李衮，引五百步队军杀出来。"明清时期的另一部小说《铁花仙史》在开篇便写到了定香桥："话说先朝全盛之时，四海共庆升平。武林西子湖边定香桥畔，有一个名园，唤做埋剑园，乃是钱塘蔡孝廉号其志的祖遗之园。他始祖曾为宋将，后来因见权臣持国，武将无功，遂罢官归隐。即于定香之侧，叠南屏之石为山……"而在大文豪张岱的文章中更是多次提到"定香桥"，如张岱与陈洪绶、曾鲸、赵纯卿及女伶陈素芝在定香桥相遇，然后陈洪绶为赵纯卿画古佛，曾鲸为赵纯卿画肖像，还有张岱在定香桥遇到满怀心事的戏子朱楚生等逸闻趣事。

这定香桥建于南宋时期，其实就是先贤堂通向苏堤的一条通道。不过定香桥一带景色优美，环境幽雅，如此才吸引了不少文人墨客的注意。陈洪绶来杭自然也少不得前去游玩一番，还成就了一段美谈。

那时正是早春时节。一天早上，陈洪绶趁着天气晴好，游览了杭州的灵鹫寺。他刚从寺庙出来，便遇到了骑着娇艳桃花马的歌妓董飞仙。这董飞仙当时在江浙一带很有名气，不少达官贵人是她的仰慕者。但她眼光很高，视这些追求者为庸俗之人，对一些画家诗人却很是尊敬。董飞仙见到陈洪绶，又惊又喜，马上下马问候。两人边走边聊，不知不觉间，已经从岳坟翻过苏堤上的六吊桥来到定香桥。董飞仙请陈洪绶为自己作一幅莲花图，陈洪绶一见是美女求画，满口答应，只是身边没有宣纸，只能回到住处再画。董飞仙听后毫不犹豫地从身上撕下一段白绡问：画在这上面可好？陈洪绶见董飞仙如此豪爽，连连说好，不但精心画了一幅美女图，还在画上题诗一首：

桃花马上董飞仙，自剪生绡乞画莲。
好事日多常记得，庚申三月岳坟前。

后来，陈洪绶人在外地，一天夜里竟还梦到了这个令人销魂的场景，于是他又写了一首《梦故妓董香绡》：

长安梦见董香绡，依旧桃花马上娇。
醉后彩云千万里，应随月到定香桥。

当然，此事经过了无数后人的加工，但无论真假，都是一段艺坛佳话了。

陈洪绶有一位好友，就是明末清初的史学家、文学家张岱。张岱的《陶庵梦忆》中就记录了两人在杭州西湖饮酒赏月以及此后发生的一段风流韵事。

当时，张岱和陈洪绶泛舟湖上饮酒赏月，差不多都快要喝醉了。行至断桥附近时，忽然听到岸上有人喊道："船上的两位相公，愿意让我家女主人搭乘一段吗？"

两人停舟一问，知道是一位妙龄女郎要乘船，便欣然同意。等到那女郎过来，发现果然是一位美女，用张岱的描述就是"轻纨淡弱，婉嬺可人"。两人自然邀请她一起饮酒，那美女也不拒绝，欣然就饮。不久女子说到目的地了要下船，陈洪绶问她家居何处，女子笑而不答。此时的陈洪绶已经喝醉，竟然要跟着女子，看看她究竟住在何处。直到看到这女子已经走过岳庙，才悻悻而回。

这件事放现在，说好听点叫邂逅，说不好听点就是跟踪狂。想想这画面，已年过四十的陈洪绶，人家女孩子搭个船，他竟然仗着酒劲大胆地追了上去，放在古代，实在让人"佩服"。不过，这只是张岱的一面之词，是否有虚构之处，已经无法考证。

但陈洪绶在生活上确乎有些"另类"，"醇酒狎妓"便是对他狂放不羁的个性活生生的写照。

虽然陈洪绶的"好色"名声在外，但充其量不过是沾染了一些古代文人都有的习气，而且他所交往的大都是处于社会底层的歌妓，他对这些不幸的女性充满了同情与怜悯，所以才愿意为她们作画。

事实上，陈洪绶是一位好丈夫，他对前后两位妻子始终抱有真挚的感情。

陈洪绶十七岁时娶萧山来氏为妻。来氏是大家闺秀，读过书，能吟咏诗词，性格温柔，为人贤淑，两人婚后相处和谐，感情很好。两人生有一女，取名道蕴。天启三年（1623），来氏病逝，陈洪绶悲痛欲绝。发妻来氏病逝六年后，他还念念不忘亡妻的忌辰，写了两首《怀亡室》诗，来抒发对亡妻的思念之情：

> 谁求暗海潜英石，琢个春容续断弦。
> 明知方士今难得，如此痴情已六年。
>
> 衰兰摧蕙护昭陵，一望驱车便远行。
> 遥忆忌辰谁上食，苍头小婢莫葵羹。

陈洪绶二十七岁时经人介绍，娶杭州的韩氏为续弦。韩氏亦是位才女，两人婚后感情很好。在陈洪绶北上京城期间，两人诗书往来，《淮上寄内》这样写道：

> 少小为征妇，那堪多病身？
> 家书愁未到，苓术自艰辛。
> 服药难疗疾，忘情可益神。
> 田园须料理，休忆远行人。

陈洪绶如此深情、顾家，似乎很难与那个放荡不羁的形象重合。在这方面，他大概和唐代大诗人元稹相似。元稹一方面对妻子感情极深，妻子病逝后写出了"曾经沧海难为水，除却巫山不是云"这样感人的名句，一方面仍然出入花丛。想来他妻子病逝时的悲伤之情确实是真实的，但一有机会和异性相处，类似贾宝玉的所谓"泛爱"之心即会让他头脑发昏。

尽管陈洪绶的一生有些恣意妄为，却不失风骨与正直。艺术家大都有些独特个性甚至是怪癖，这是他们独特的标签。张岱在《陶庵梦忆》中说得好："人无癖不可与交，以其无深情也；人无疵不可与交，以其无真气也。"自古以来，以"怪癖"来寄托精神追求的名士不在少数，比如"嵇康之锻也，武子之马也，陆羽之茶也，米颠之石也，倪云林之洁也，皆以癖而寄其块垒俊逸之气者也"。陈洪绶癫狂放纵是癖好，工诗善书难道不也是一种癖好吗？在他那个时代，他只是活得率真罢了。

三、一代绝作

看看陈洪绶的很多画作，才知道什么是真正的"佛系"！

公元1651年中秋之夜，陈洪绶在西湖边醉酒，也许是西湖美景激发了他的灵感，他提笔为友人、画家沈颢作《隐居十六观》组图，被视为他晚年创作的极品，现藏于台北故宫博物院。这十六幅图取自《观无量寿经》中的"十六观之门"，陈洪绶以简洁的白描手法勾勒出隐士生活中的十六个观照，分别是访庄、酿桃、浇书、醒石、喷墨、味象、漱句、杖菊、浣砚、寒沽、问月、谱泉、囊幽、孤往、缥香、品梵。

以《访庄》为例，"庄"指的是古之圣贤隐士的代表庄子。道家崇尚逍遥通达的生命观，不与世欲同流合污，远离物欲贪念，"访庄"即是对试图叩开进入这个隐逸世界大门的绝妙刻画。此画中的主角应该是战国时期宋国的惠施，他在政治失意时去访庄子，两人结成至友，中国哲学史上有名的"濠梁之辩"说的就是这件事——惠子曰："子非鱼，安知鱼之乐？"庄子曰："子非我，安知我不知鱼之乐？"不过画中那个拜访庄子的人，似乎更像是陈洪绶自己。纵观陈洪绶的一生，他的内心始终有一些东西没有真正地解脱。带着一颗出离之心，他

长风吹送书画船

H A N G

Z H O U

〔明〕陈洪绶《隐居十六观》之酿桃、浇书

想去拜访理想中的精神所在。

在陈洪绶的笔下，《隐居十六观》中的每一幅特殊意象，都与一位古时隐逸高士人物对应，如惠施、李白、陆羽、苏东坡、陶渊明等，有的则是陈洪绶自己，是他个性与自我的写照。他曾出家，后又还俗，也就是说他已经看清，归隐不一定是要出家或去人迹罕至处隐居，正所谓"大隐隐于世"是也。只要他的精神独立于世外，不受尘劳羁绊，那么何处不能归隐？结合他的一生，这些似乎都得到了验证。

陈洪绶的画，艺术价值如何？可以用鲁迅的一句评价概括，那就是："老莲的画，一代绝作。"鲁迅从壮年时就开始搜集陈洪绶的作品，直到晚年还介绍他的版画，显然甚为推崇。

清代画史著作《国朝画征录》的作者张庚对陈洪绶的作品有极高的评价："画人物，躯干伟岸，衣纹清圆细劲，兼有（李）公麟、（赵）子昂之妙，设色学吴生（吴道子）法，其力量气局，超拔磊落，在仇（英）、唐（寅）之上，盖三百年无此笔墨也。"意思就是说明朝三百年都没有他这样格调的笔墨。

陈洪绶的绘画才能是多方面的，他的花鸟画描绘精细、设色清丽，富有装饰味，也能画水墨写意花卉，酣畅淋漓。所以并非他不擅长山水和花鸟，而是人物画的成就最高，也最为世人推崇，明末文学家、画家陈继儒曾对他佩服得"惊讶交集，不能赞一辞"。

明末清初是中国版画发展的黄金时期，擅长人物画的陈洪绶与当时另一位擅长山水画的名画家萧云从曾各自占据着版画的半壁江山。在人物画的成就方面，陈洪绶的天分得到充分展现，壮年时就由"神"入"化"，晚年更是达到炉火纯青、愈臻化境的境界。他所画人物极具个人特色，大多体格高大，晚年则更趋向于绘制形象夸张、怪诞的人物，性格极为突出，就算是画男子，也在男子头上或手上添几朵花，就连给《水浒传》画的叶子牌也不例外，阅之令人捧腹。他这样处理绝非随意，而且非常注重细节，画中人物衣纹细致、清晰、流畅，线条在清圆细劲中又见疏旷散逸，勾勒有力度，足见其功力。其画手法简练，色彩沉着含蓄，格调高古，享誉明末画坛。

陈洪绶的版画稿本主要用于书籍插画和制作纸牌（叶子），并以书籍插图的形式广泛流传于世。陈洪绶创作的作品数量很多，流传下来的主要有《西厢记》《九歌图》《鸳鸯冢》《水浒叶子》《博古叶子》等五种，都是他与当时著名雕刻工合作留下来的明清木刻版画的代

〔明〕陈洪绶《西厢记真本图册》书影

表作。公元 1638 年，与陈洪绶有着姻亲关系的来钦之所编著的《楚辞述注》付梓时，他的《九歌图》被用作插图，产生了很大的影响，其中的屈原像更是被奉为经典之作，可以说至今无人可以超越。

这世间人与人差距真的是大得惊人，有些人无论怎么努力都不行，有些人却是天赋异禀，好像没怎么奋斗就能成功，陈洪绶便是后者。他不仅画得好，还画得快。公元 1616 年冬，他只用两天就画了 11 幅《九歌》的人物图以及那幅有名的《屈子行吟图》，共同组成了他的《九歌图》。不过有些作品陈洪绶也是要费尽心血的，例如他传世的 40 幅版画精品《水浒叶子》是他二十八岁时，花费四个月才创作完成，共有宋江、徐宁等 40 位水浒人物。陈洪绶依靠短促的线条、略重的起笔、略轻的收笔，形成清劲有力之感，人物栩栩如生。这套图一经面世，民间争相购买，遍传天下，也博得了一班文人画友的交口称赞，以致后世绘写水浒英雄的画工很难摆脱他的影响。

明清时期，摹仿陈洪绶的画家多达数千人，其作品和技法也远播朝鲜和日本，对日本的绘画发展，特别是"浮世绘"，即日本的风俗画、版画产生重大影响。清朝初期的经学家、文学家毛奇龄在《陈老莲别传》中记载，有人用竹筒装了两幅陈洪绶的画到日本，"贻日本主，主大喜，重予宴，酬以囊珠，以传模笔也"。日本天皇得到陈洪绶的两幅画，竟重重地酬谢一口袋宝珠，况且这两幅画并非真迹而只是别人临摹的作品，可见他的画在日本影响之大。

陈洪绶画的仕女图也很有特色，他喜欢画古雅的装束，笔下的仕女眉目端凝，古拙中透出妩媚，很是特别。戏曲小说《西厢记》是陈洪绶作插图最多的一部书籍，流传的版本有张深之的《正北西厢》、李吉辰的《西厢》以及李卓吾的《评本西厢》。在他为张深之版本所作的六幅插图中，第一幅为莺莺像，其余是直接描绘原作内容的《目成》《解围》《窥简》《惊梦》和《报捷》等五幅，造型简练概括，人物惟妙惟肖，充分体现了原著人物的性格特征，也表现了陈洪绶深厚的文学修养和高超的艺术水平。

晚年的陈洪绶作画已达出神入化之境，《博古叶子》是陈洪绶去世前一年所绘，其作品的张力可想而知。这组画的刻工是陈洪绶的好友、明末徽派最著名的刻工黄子立，所以这套共四十八幅图的作品，是两大高手强强合作的经典呈现。黄子立的精湛技艺将陈洪绶晚年的画风和精神状态呈现得淋漓尽致，人物造型和线条要比壮年时期的作品更显高古，构图简洁，人物采用头大身短的画风，颇显稚趣。

曾短暂出家，晚年又学佛参禅的陈洪绶，对道释图像自然也多有涉猎。《无法可说图》画的就是一尊高鼻深目、面颌奇异的罗汉，手持藤杖坐在顽石上。罗汉耳孔穿环，嘴唇微启，似乎正在向面前跪拜之人说法。跪拜的人形貌奇异，神态专注而虔诚。他晚年的另一幅佛画精品《观音像》，画的是一男相观音，细眼长眉，方面阔耳，看起来雍容大度。观音手执佛尘，身披白衣裟裓，端坐在菩提叶团上，其风格状貌一如论者所谓的"躯干伟岸，衣纹细劲清圆"。画面上方的空白处书有《心经》，字体劲秀，末端署有"云门僧悔病中敬书"的字样。

陈洪绶虽然不以书法闻名于世，但其书法的艺术成就也不容小觑。据现有史料，陈洪绶早年学书法家欧阳通的《道因碑》，中年参考学习怀素的作品，兼收名家褚遂良、米芾之所长，并得力于颜真卿的《三表帖》。

清代书法家包世臣将陈洪绶的书法归在"逸品上",说他的字"楚调自歌,不谬风雅"。明末清初的学者方邵村与文学家、篆刻家、收藏家周亮工论画时说:"逸者轶也,轶于寻常范围之外,如天马行空,不事羁络为也。亦自有堂构窈窕,禅家所谓教外别传,又曰别峰相见者也。"看陈洪绶的书法作品,似乎能给人一种闲适之感,他的走笔如同绘画一般,心之所至,落笔而成,书写过程于他而言是一种适畅的享受。经常说字如其人,其人率真,其字亦是。陈洪绶书字全都因心情舒畅而写,最终达到大音希声、大象无形的境界。

总而言之,陈洪绶不仅是天才,还是一位全才,能写能画,还出过不少书,有《宝纶堂集》《避乱草》《筮仪象解》等。

四、杭州女婿的杭州情结

陈洪绶青少年时期多待在诸暨、萧山,有时去绍兴及杭州,中年则多在诸暨与杭州。到了晚年,先是在绍兴待了五年(包括在附近山中、云门寺避难以及在薄坞隐居九个月),然后在杭州待了几年。

除去早年来杭学画,陈洪绶还有个重要身份就是杭州女婿,他的两任妻子都是杭州人。杭州于他而言是个理想的居住地,他的不少作品是在这里完成的,比如《雷峰西照图》就是他在清波门外长桥下的"宛在"船上所画,他还在"不系园"上为东阳人赵纯卿画佛像。他那些著名的版画作品,如《西厢记》中的李吉辰本《西厢》和张深之本《正北西厢》的插画就是分别在杭州灵鹫寺和西湖苏堤定香桥边完成的。此外那套极负盛名的版画杰作《水浒叶子》也是仗义疏财、济困扶危的陈洪绶在杭州为他的穷朋友周孔嘉创作的,素有"画水浒四十人,为孔嘉八口计"的说法。

陈洪绶眼见明末腐败遂不肯出仕，清朝建立之后，更不愿意为官了。明天启四年（1624），陈洪绶与跟随父亲到诸暨赴任的周亮工相识，这周亮工虽为官宦子弟，却精通金石，对书法绘画也造诣颇深，由此和陈洪绶成为好友。二人多次同游五泄，相交甚欢。

崇祯十二年（1639），赴京城宦游的陈洪绶与好友重逢。清顺治七年（1650），周亮工选择降清担任福建按察使，北上述职路过杭州，遂前去看望蛰居杭州的老友。久别重逢本该言谈甚欢，但陈洪绶应周亮工之请而作的陶渊明《归去来辞图卷》，内容显然是规劝他不要去做清朝的官，不要"以心为形役"，不要屈节为清朝统治者服务，应当辞官归隐。此画分为11段，内容分别是采菊、寄力、种秫、归去、无酒、解绶、贳酒、赞扇、却馈、行乞、灌酒。

对陈洪绶为自己作《归去来辞图卷》的情景，周亮工有详细的记述，他也明白此画的寓意，"其急急落笔之意，客疑之，予亦疑之。岂意予入闽后，君遂作古人哉！予感君之意，既所得夥，未敢以一幅贻人。"

事实上，陈洪绶创作这一组画的过程，可以说是惊天地泣鬼神。见多年的老友不听劝诫，竟然屈节降清，心中自是不快。但他也知道，不能把自己的意志强加给别人，每个人都有选择走什么道路的权利。他没有因为老友不辞职就要与之绝交，或者逼着老友如何。只是作为好友，他感觉应该再用自己的方式向老友提出建议，于是这一次，他欣然接受了周亮工索画的要求。

为了这组画，陈洪绶竟然连续创作了许多天，连地点都更换数次，不过换来换去，都是在西湖边，定香桥畔，道观佛寺，有时甚至就吃住在船上。他有时不吃不喝、埋头作画，有时又抓耳挠腮、瞠目不语，为的是寻求创作灵感。最终他居然完成了十一段作品，且全部送给老友。

周亮工得知陈洪绶为自己作画居然如此艰辛如此认真，不送则罢，一送居然送了这么多幅，大为震惊，也大为感动。他觉得任何话语都无法感谢老友的这一番深情厚谊，也只有暗暗在心底对自己说："此生有好友如此，是吾之幸也。"

这件事很快就传开了，大家纷纷惊叹陈洪绶作画之快，真是名不虚传。别人是酒逢知己千杯少，他是画逢知己拼命画，这组画也成为杭州绘画史上的一次盛事。

不过，周亮工虽然被陈洪绶的友情感动，却还是毅然赴任，并未辞官归隐。但他在官场上也并不如意，屡次被弹劾下狱，又屡次被赦免。不知他在临终之时，是否还会想起，那陈洪绶为他作画之事，是否会对自己的抉择有一点懊悔？

陈洪绶格外喜欢杭州，喜欢西湖，在这里留下了他的很多记忆。他曾在灵隐韬光山下的崎岖山房与张岱、赵介臣等人读书备考，乡试落榜时又在南屏山下徘徊惆怅。杭州在陈洪绶并不长的生命里占据着重要位置，既有少年学画的艰辛，也有中年交友的欢娱，更有晚年居住的闲适。他对西湖有着很深的感情，除了画，还写了许多跟西湖相关的诗词，比如他在吴山火德庙爽阁居住时写过一首诗：

> 青山到处便成家，不得出门每自嗟。
> 若得西湖桥畔住，妻儿杨柳共桃花。

从诗句可见他对杭州的满意度非常高，所以杭州如今能成为最宜居城市之一，正是厚积薄发的结果，因为它自古以来就得到了很多大师级人物的赞美。

可惜，大概是陈洪绶的才华太多了，以致引起了上天的妒忌——他去世于清顺治九年（1652），年仅五十五岁，实在是太早了一些。对于他的死因，说法不一，犹如一部传奇小说。有说法是他忽然离开杭州回到老家诸暨，与旧时老友流连不忍相舍，不久"趺坐床箦，喃喃念佛号而卒"。另一说法是他"才多不自谋，有黄祖之祸"，因为他曾在田雄酒席上当众大骂叛明官僚，触怒了田雄，所以被田雄派人暗杀。这田雄是何许人也？他原为明末总兵，清初任浙江提督，劫持明弘光帝献给清军，并疯狂围剿浙东反清义军，被顺治帝称为"功绩懋著"。那么在陈洪绶眼里，田雄就是卖主求荣者，理当被骂。这些传说当然都有一定的根据，因为陈洪绶并不是一个逆来顺受、脾气温顺之人，而是秉性孤傲倔强，性格怪诞却又耿直。

陈洪绶去世后，他的山东友人丁耀亢撰有悼诗，今人邓之诚对此加按语说："此诗作于顺治九年，陈洪绶以不良死，他书未及。"这里的"以不良死"，就是我们常说的"不得好死"，也就暗示了他为田雄所暗杀可能就是事实。也有一说他为自杀，理由是陈洪绶可能自知死祸难免，即乘田雄尚未下手之际，自杀表示抗争。

当然这一切皆是猜测，并无实据。事实只有一个：一代天才，就此陨落。

纵观陈洪绶一生，才华横溢，于诗书画中均能独树一帜。他的艺术，尤其是他的人物画创作，自清代以来一直被奉为楷模，是中国绘画史上引人瞩目的一代大师。

他是一个表面放浪形骸，骨子里恪守气节的矛盾体，一方面曾极认真于功名仕途，为不得志而忧郁愤懑；一方面"醇酒狎妓"，却又大节不亏，明亡后他削发明志即为明证。两种矛盾在他身上达到完美的和谐，这也许就是上天对天才的宽容以及对他生不逢时的同情吧。

第十三章

孤山路 31 号
——西泠印社与吴昌硕

一、千帆历尽，归来仍是少年

杭州的春总在不经意间来临，嫩绿的叶片将枯黄击退，唤醒出游的心。三月末四月初，赏春之人充斥在杭州的各个角落。花成为这个季节的主角，阳光成为它的点缀。这样的美好里，谁会想起一百余年前的那个春日，春风里携带的花香被血腥味替代，西湖边不再是游人如织的景象。

公元 1860 年，太平军进入湖州地区，与清军展开长达数年的激战，位于太湖沿岸的湖州成了一个大战场，这座原本富裕美丽的江南水乡，因为战火沦为一片焦土。

我们所熟悉的大画家吴昌硕便是在这样的乱世中度过了青少年时期，他生于清道光二十四年（1844）八月，是孝丰县鄣吴村（今湖州市安吉县）人。奈何生不逢时，他在这样的乱世里没法过无忧无虑的生活，只能在动乱不断的现实里颠沛流离。

吴昌硕一家老小在战争开始不久便外出逃难，草根树皮皆成果腹的食物，就连观音土都成了救命的口粮，十六岁的吴昌硕自此开始了他长达五年的苦难历程。

看过电影《1942》的人，大约对里面的场景都记忆深刻，其实现实远比想象更加残酷、可怕，当然也有令人欣慰的温暖——战乱中，吴昌硕那位订婚不久、素未谋面的未婚妻章氏被家人送来与吴家一道逃难，对这位未过门的妻子吴昌硕无比感激，幸亏她承担起照顾身体有恙的婆婆的责任。遗憾的是吴昌硕的弟妹先后死于饥饿，不久之后他与家人失散，靠着替别人做短工、打杂勉强度日，先后在湖北、安徽等地流亡数年。在这段流浪经历中，最不能让他忘记的应该就是晕倒在山洞那次吧。

那是在流浪途中，有一天，饥肠辘辘的吴昌硕走到一处山坡上，不巧天降大雨，他看看四周，除了荒草就是乱石，好在有一个很浅的小山洞可以让他躲避一下，便急忙钻了进去，却因为饥饿过度昏倒在山洞中。等他醒来，发现自己在当地一户村民家里。原来是这位村民上山经过山洞，发现了几近饿死的吴昌硕，将他带回家中才保住一命。据说吴昌硕有一个别号为"仓石"，就是为纪念此事而取。

流浪多年后吴昌硕终于回到家乡，可早已物是人非，到处是战乱留下的痕迹，哪还有当年的那番繁荣景象。病弱的母亲终归是等到了他，也许她的等待就是为了告诉他，他的妻子已经因病去世了。两人虽未正式成亲，但他妻子一直尽力照料婆婆，直至病逝。听到母亲的诉说，吴昌硕不禁潸然泪下，他唯一能做的也只有把这位没有过门的妻子视为原配夫人，并将她的衣冠葬在超山。后来吴昌硕特意写了一首《感梦》诗，诗中的"他年招魂葬，同穴傍祖墓"之句说的就是这件事。由此可见吴昌硕确实重情重义，这也体现在他后来的为人处世上。

　　回到家乡不久，吴昌硕的母亲与其他亲人也相继离世了，他与父亲相依为命。他们在安吉县城东北的几亩荒地上开辟了新居，屋前有园名"芜园"，取"芜有丰义"之意，即"草芜而丰其种，人芜而丰其德"。吴昌硕在"芜园"度过了人生很重要的一个阶段，耕作之余便钻研篆刻书法，也在这里完成了娶妻生子的人生大事。据记载，芜园始建于同治五年（1866），虽然吴昌硕婚后为生计四处奔波，但在光绪八年（1882）定居苏州之前，芜园一直是全家的安身之处，时间有十六年之久。

　　那么，生逢乱世的吴昌硕，又是如何开始自己的艺术生涯并取得成功的呢？

　　　　兰生空谷无人护，荆棘丛中塞行路。
　　　　幽芳憔悴风雨中，花神独与山鬼语。
　　　　紫茎绿叶绝世姿，湘累不咏谁得知。
　　　　当门欲种恐锄去，王者香贵今非时。

　　这是吴昌硕七十二岁那年，在自己所画的一幅兰花图上的题诗。他一生画的兰花不在少数，每次题写的诗句也各有不同。此画中的兰花自石壁上恣意生长，浓墨绘就的枝叶展露着勃勃生机，苍劲而奔放，完全看不出任何颓唐老态，枝头点缀的黄花更是肆意怒放，显示出彼时的吴昌硕的创作精力依然旺盛。画完之后，他又题了这首意味深长的诗，显然是回想起了自己大半生的坎坷，才充满了感慨怅惘之情。

　　写到这里，也该介绍一下吴昌硕的大致生平了。吴昌硕（1844—1927），初名俊，又名俊卿，字昌硕，又署仓石、苍石，其他常见的号还有仓硕、老苍、老缶、苦铁等。他是清末民初的著名国画家、书法家、篆刻家，是号称"天下第一印社"的杭州西泠印社的首任社长。他是国画中的"后海派"代表，与任伯年、蒲华、虚谷合称为"清末海派四大家"，又与厉良玉、赵之谦并称为"新浙派"的三位代表人物。他集"诗书画印"为一身，融"金石书画"为一炉，被誉为"石鼓篆书第一人""文人画最后的高峰"。在吴昌硕之前能有这么多头衔的艺术全才，似乎唯有元代的赵孟頫。

这么多鲜亮头衔的背后，当然是艺术家所付出的艰辛。纵观吴昌硕的一生，有一句话概括得极为合适——历尽千帆，归来仍是少年。

吴昌硕生于书香门第，为家中长子。祖父吴渊以及他的父亲吴辛甲皆是举人出身。祖父当过嘉兴府海盐县的教谕，父亲也曾得过候补知县的头衔，只是没有上任。不过吴昌硕出生时，家道早已中落。父亲郁郁不得志，只好把兴趣转向金石研究，最喜治印。

大概是受父亲影响，长到十二三岁时，吴昌硕对篆刻产生了兴趣，经常在课堂上背着老师偷偷刻印，渐有入魔之势。也许是自感仕途无望，所以吴辛甲在这点上不但从未阻止过儿子，还一直悉心教他篆刻。初学时，由于印石难得，总是刻完了磨平，磨平了再刻，直到印石变成薄薄一片，无法再握为止，所以吴昌硕在学印早期并未能留下什么作品。

吴昌硕成名之前，因为买不起更多的石料，有时就在方砖上练习刀工。后来，稍有名气的他被苏州知府吴云聘为家庭教师，学生就是吴云的两个儿子。

能够被苏州知府聘为家教，吴昌硕还是很开心的，他简单收拾一下行李，在一个风和日丽的日子来到关云的家中。知府吴云见吴昌硕虽然年龄不大，但眉宇间洋溢着一股正气，觉得自己没有请错人，就告诉吴昌硕，自己的孩子资质平平，让吴昌硕敦促他们多多读书，不求成才，能够读书写字就好。

大约过了几个月，一天，吴云悄悄问两个儿子："你们的先生除了教书外，还做些什么事情？"两个儿子回答说："吴先生不教课的时候，总是刻东西，我们看不懂。"吴云听了有些好奇，便悄悄来到吴昌硕住的屋子，看到吴昌硕正伏案在方砖上刻字，墙角则堆满了刻过的方砖。

这吴云也是懂篆刻之人，见吴昌硕在刻字，非常高兴。他问吴昌硕为何不用石料篆刻，吴昌硕有些不好意思地回答说："没有那么多钱。"

吴云认真看过吴昌硕刻的那些方砖，发现他的篆刻已经有了很好的功底，又看到吴昌硕因为练习刀工伤痕累累的双手，甚为感动，就表示可以送给吴昌硕一些石料。吴昌硕早就知道吴云在篆刻上有独到之处，以前不敢问，现在有了机会当然不会放过，就请教了一些如何提高技艺的问题。这吴云也好为人师，不但一一作答，还把自己编纂的《两罍轩彝器图释》送给吴昌硕。这一下吴昌硕达到了家庭教师生涯的顶峰，既赚到了工钱，又得到高人指点，可谓一箭双雕。

人与人的相遇就是这样奇妙，伯乐见到千里马有时只需要一个偶然。

当然，无论怎样的天才，也需要一个艰苦的技巧磨炼过程。吴昌硕自小便练就扎实的金石功底，为今后的辉煌奠定了基础。

吴昌硕前二十九年的生命里，可谓是历经磨难，但他依旧初心未改。此后数年，吴昌硕频繁往来于江浙沪之间，一面广交朋友，比如结识了吴秋农、金心兰、顾茶村、胡三桥、方子昕等人，虚心广采众家之长，终自成一家；一面阅读大量历代的金石碑版、玺印、字画，从古人那里汲取营养。除篆刻之外，他在绘画、作诗以及书法上都有很大进步。其间，他也经历了初为人父的角色转变，长子吴育、次子吴涵相继出生，吴昌硕的生活也因日益增长的名气变得忙碌。

那段日子，真可谓是"谈笑有鸿儒，往来无白丁"。吴昌硕前往嘉兴得以结识金铁老，跟随他学习古器识别的诸多方法，还在湖州名士、大收藏家、大藏书家、皕宋楼主陆心源家做幕僚，也因此得以亲眼目睹陆家众多的孤本藏品、书画真迹，可谓是工作、求艺两不误。

吴昌硕是幸运的，如果说早年得遇苏州知府吴云直接开启了他的艺术生涯，那么与亦师亦友的杨岘的交往，更极大地提升了吴昌硕的艺术创作水平。杨岘是晚清著名金石学家、书法家和诗人，曾任松江知府，后居住在苏州。

吴昌硕知道此人艺术造诣极高，就托人致意，表示自己想拜杨岘为师。不料几天后消息传来，杨岘拒绝了拜师的请求。吴昌硕一听很是失望，不过来人对他说："你先不要失望，杨岘虽然拒绝了你的拜师请求，却愿意和你以兄弟相称，他说这样才显得亲切。"据说杨岘原话是这样说的："师生尊而不亲，弟兄则尤亲矣，一言为定，白首如新。"

吴昌硕一听大喜，竟然什么也没有准备，就匆匆赶到苏州拜见杨岘。据说两人相见时吴昌硕还是想行拜师之礼，但被杨岘一把拉起，然后两人称兄道弟、热情交谈，浑然忘记他们的年龄相差有二十五岁之多，把杨岘的家人和下人都看傻了。此事传开后，江沪一代的艺术家都为之赞叹不已。他们的忘年交友谊一直维系终生，堪称佳话。直到杨岘去世十三年后，吴昌硕见其遗像，依旧难掩悲痛，潸然泪下，挥笔赋诗一首：

显亭归去十三春，板屋吴洲失比邻。
师说一篇陈历历，门生再拜舞蹲蹲。

于此可见两人情谊之深之真，而在此诗中吴昌硕还是以门生身份自称，也显示出他对杨岘的真心尊重。

读书出仕是大部分文人都免不了的人生轨迹，早在同治四年（1865）秋，吴昌硕便应试补考安吉县庚申科秀才，但他并未真正出仕，而是将全部的精力都投入到了书画创作上，随着名气日增，他的生活也逐渐安稳。

二、先成家后立业

婚姻对一个男人而言意味着什么？"责任"是个不错的答案。

同治十一年（1872），此时的吴昌硕二十九岁，这一年对于吴昌硕的人生来说可谓是一个重要的转折点。是年，吴昌硕的姻缘终于再次到来，他与归安县（今属湖州市吴兴区）菱湖镇人施酒结婚。施氏小吴昌硕四岁，在那个年代两人已经算是晚婚。终归是好饭不怕晚，婚后两人惺惺相惜，施氏也颇擅持家。也正是由于结婚了，吴昌硕为了养家，当然也为了寻求艺术上的精进，新婚不久便走出家乡寻师访友寻求机缘。正所谓机会总是留给有准备的人的，毕竟连逃难时吴昌硕都没有舍弃篆刻，厚积薄发的他终于要开始大展宏图了。

吴昌硕选择的第一站便是有"十里洋场"之称的上海，这一趟出行让他结识了一生挚友高邕。高邕是杭州人，著名书画家兼鉴藏家，能以草书作画，别号清人高子、中原书丐、西泠字丐。正是与高邕的相识深深影响了吴昌硕此后的事业和艺术造诣，他得以进一步与沪上书画名家如任伯年、吴秋农、金心兰、顾荟村、胡三桥、方子昕、任薰、周闲、张子祥、胡公寿、蒲作英、陆廉夫、施旭臣、诸贞壮、沈石友等人相识相交，等于一步踏入沪上艺术家的圈子。

初到上海时，吴昌硕还未踏入绘画门径，只是专攻篆刻，后又专攻汉印。他在篆刻用刀上与众不同，一般人的刻刀都较为锋利，吴昌硕却选择使用钝刀，这需要篆刻者有巨大的耐心与毅力，同时还需要极强的腕力。众所周知，写字绘画对于腕力的要求极高，这无形之中也成就了他的"全才"。后来评价吴昌硕的艺术成就中，总有一句，集"诗、书、画、印"于一身，但当时的他对自己篆刻之外的技能是没什么自信的。

吴昌硕三十岁左右才开始学画，起步算是比较晚的，所以他亟待名师指点，用今天的话说，也只有如此才可能在绘画上实现"弯道超车"，后来居上。那么，吴昌硕的绘画才华又是怎么被发现或者被他自己意识到的呢？

当时的上海滩，绘画名家辈出，名气最大的就是海派名家任伯年。初到上海的吴昌硕既为了立足，更出于对任伯年的仰慕，就托人请求任伯年允许自己去拜访。

任伯年也从朋友那里听说过吴昌硕不少事迹，知道他的篆刻很有功力，就满口答应了他的请求。任伯年早年生活贫困，为了生计只能在上海摆摊卖画，但因销路不好，只好将自己所画扇面署名为当时的大画家任熊，却不想某日正在摆摊，被任熊抓了一个"现行"。结果任熊得知真实情况后不仅没有怪罪，还对任伯年悉心教导，并收为弟子，由此任伯年才逐渐有了名气，因此任伯年极为感念任熊的知遇之恩，对前来求教的晚辈也都甘当"伯乐"。

两人见面一阵寒暄后，任伯年问吴昌硕画画怎么样，吴昌硕回答说自己基本上没有画过画，任伯年就要他试画几笔。吴昌硕觉得任伯年这是在"赶鸭子上架"，但又不好拒绝，就硬着头皮拿起毛笔在纸上涂鸦了起来，自己并没有多少自信。站在一边的任伯年看着看着，脸色却由漫不经心变为不可置信，最后惊讶地说道："你画得太好了，你的绘画成就，将来必在我之上。"吴昌硕谦虚道："先生休要取笑了，我知道自己的绘画技艺还很幼稚。"任伯年说："技艺是可以练习的，但你的才气他人无法复制，假以时日，你的画肯定会高人一等。"

常言道书画同源，有着扎实书法功底的吴昌硕，这几笔虽然有不尽完美之处，却显示出他的功力。所谓内行看门道，任伯年一下就发现了他的艺术才华，他见吴昌硕还是有些不明白，就解释道："虽然你的绘画技艺不够熟练，但你的构思和用墨之法已经超过我了。"没有想到一代大家，态度却如此谦和。任伯年还对吴昌硕提出了一个很好的建议："你既然书法很好，不妨以写篆书的方式绘写花卉，用草书当作花卉的茎干，在此基础上再变化贯通，很快就可以登堂入室了。"

俗话说，"听君一席话，胜读十年书"，吴昌硕得到任伯年这样的点化，一下就顿悟到了"书画同源"的道理。从此他匠心独运，把书法技艺运用到绘画之中，很快就自成一家。

在上海待了没多久，吴昌硕便去了另一个他向往已久的文化古城——苏州。在苏州的短暂停留，不仅让他又结识一些文艺界的名流，更为他后来定居苏州埋下伏笔。

常言道四十不惑，但对吴昌硕而言，人到中年却是开启另一番天地的最佳时机。光绪八年（1882），已经三十九岁的吴昌硕举家前往苏州。为维持一家人的生计，经友人推荐，吴昌硕当了县丞小吏。因友人赠他一尊古缶，遂名其庐为"缶庐"，亦以之为号。

在苏州住了几年后，吴昌硕于光绪十三年（1887）定居上海，因为他知道上海才是文人聚集的中心。由于他待人以诚，求知若渴，虚心求教，得以在知名收藏家潘祖荫、吴平斋、吴大澂等人那里欣赏到不少彝器文物和名人书画真迹，他认真临摹欣赏、摘录考据。天分加上后天的努力，他在篆刻、书画等方面日益精进，也逐渐在上海站稳脚跟。

不过，要说他能真正成为上海画坛的领袖人物，并得到大众的认可，还得归功于一个人——王一亭。王一亭是清末民初时期上海著名书画家、实业家，又是杰出的慈善家，祖籍湖州吴兴，与吴昌硕分属同乡，两人亦师亦友，相交甚笃。王一亭这位社会活动家对吴昌硕的艺术造诣极为推崇，经他大力推荐，吴昌硕一跃成为上海画坛的领袖人物。吴昌硕果然是幸运的，在其艺术生涯的关键时刻，总是会遇到伯乐。这一次的伯乐不是同窗，也非好友，而是老乡。

三、求学杭州诂经精舍

从中外艺术史看，大凡在艺术上取得伟大成就的那些艺术家，都是不拘一格善于创新且艺术修养全面而丰富者，吴昌硕自然也是如此。早在同治八年（1869），吴昌硕就曾首度赴杭州求学于诂经精舍。在此之前，他还曾在湖州大名士颜文采家做过一段时间的幕僚，得以在颜家的藏书楼里翻阅了大量古籍。

吴昌硕觉得金石书画如果要有所创新发展，必须要有相当的学术功底和文化涵养，于是决定前往杭州求学。其实入清以来，浙派主要印人多在杭州，因此杭州有着大量的篆刻遗作和印谱。即便是在今日的杭州，若有幸绕着西湖走一走，历史古迹也是随处可见。来到杭州学习，于吴昌硕的篆刻而言无疑是一次非凡的洗礼。

同治十二年（1873），三十岁的吴昌硕经苏州再次来到杭州，再入诂经精舍问学。这次学习，让他真正走上了艺术之路。

诂经精舍乃是清朝名臣、乾嘉学派的著名学者阮元所创建，位于西湖边的孤山上，是清朝时杭州的四大书院之一，后来被整合为"求是书院"，也就是浙江大学的前身。嘉庆二年（1797），任职浙江学政的阮元建屋五十间，集全省通经之士纂辑《经籍纂诂》，后将此处辟为精舍。阮元在《西湖诂经精舍记》中这样解释名字的来由："精舍者，汉学生徒所居之名；诂经者，不忘旧业，且勖新知也。"如今当时的建筑已毁，只在浙江省博物馆前的绿地上留有一块刻有阮元像的大石碑，上有"诂经精舍旧址"几个大字，并有小字对精舍略作介绍，殊为可惜。

吴昌硕在这里师从名儒大家俞樾，跟随他学习小学及辞章。说起这俞樾更是大名鼎鼎。俞樾，字荫甫，号曲园，湖州德清城关乡南埭村人。著有《春在堂全书》五百卷，是继"高邮二王"之后又一位朴学大师，也是清末著名文学家、经学家和书法家，是现代诗人、红学家俞平伯的曾祖父。

俞樾在诂经精舍讲学长达三十一年，直至七十九岁时方辞去讲学之职，其掌教强调"由训诂而名物、而义理，以通圣人之遗经"，"诂经精舍专课经义，即旁及词章，亦专收古体，不涉时趋"，故精舍以学术严谨而与专事科举的书院形成鲜明对比，为当时的朴学之宗。据《翰林院编修俞先生行状》记载：俞樾执教时，两浙知名人士，"承闻训迪，蔚为通材者，不可胜数"。其声誉远播日本，一些日本学者也慕名渡海而来，在其门下受业。西湖边的小小精舍里培养出了大量人才，号称"门秀三千"，其中有戴望、黄以周、袁昶等大批学术人才，还有近代民主革命家、思想家章太炎，日本的"中国通"井上陈政这样的人物。

俞樾早年出仕，被弹劾贬黜，潜心学术四十余载，一生布衣素食、勤于治学，在经、子、小学诸方面成就卓著。俞樾对吴昌硕这个来自乡村的小老乡颇为关注，不仅传授其书艺之道，还在诗作的遣词造句、韵律用典上对他进行了系统的辅导。正规的学术训练和高端严谨的艺事指导，为吴昌硕后来的发展奠定了一个比较扎实的基础。可能正是因为自己当年能得遇好老师，吴昌硕后来对于向他请教的晚辈也都给予热情指教，培养了陈师曾、潘天寿、钱瘦铁、沙孟海、诸乐三、王个簃及河井仙郎、长尾甲等一大批艺术名家。

吴昌硕追随俞樾学习的时间并不长，第二年冬天便迫于生计重返家乡安吉，以课邻人子弟、代人书写文章等为生。正所谓言传身教，俞樾历经坎坷，但他的人格气度和襟怀却是风骨傲然，自带名士风范，这些都对吴昌硕精神境界的培养和文化修养的提升产生了深远的影响。而且在此后的岁月里，吴昌硕也得益于老师的人脉助力，他在《曲园先生八十寿赋祝》中曾这样写道："先生历四朝，苍然乔松姿。山水阜灵秀，乾坤老经师。……多寿不复喜，尤国无良医。不进介寿酒，却赋感事诗。……"

吴昌硕一生都对俞樾极为敬重，即使后来在苏州、上海等地从艺谋生之时，也经常回杭州拜望恩师。俞樾去世时，他亦撰挽联表示哀悼："薄植荷栽培，附公门桃李行，今成松木；名山藏著作，自中兴将相后，别是传人。"

四、不失血性的艺术家

吴昌硕虽为文人，但是面对国家危难之时，也不曾失了男儿血性。

中日甲午战争期间，晚清大员吴大澂邀请吴昌硕加入自己的幕府，年届五十的吴昌硕欣然投笔从戎，只为当年他和吴大澂的金石之交。他担任随军参佐戎幕，协办军中文书简笺，有时还参办军机。遗憾的是，清兵的战斗力不堪一击，他亲耳听到邓世昌、丁汝昌等人以身殉国的壮举，又亲眼目睹吴大澂兵败之际犹不肯退却并欲拔剑自刎以激励士兵的情景，所有这些都让吴昌硕无比震惊且终生难忘。

从那以后，这段投笔从戎的经历一直激励着吴昌硕，而那些战死沙场的将士们的英勇形象，也一直留存在他的脑海。对于一个艺术家而言，亲自经历战争，亲眼目睹好友战死沙场是残酷的，但这些对于他的人生境界和艺术眼光又有着深远影响。自此以后，吴昌硕的作品中境界更加阔大，意蕴更加深邃，直到生命的最后一年，他还作了一幅意境苍茫的山水册页，以缅怀当年的那段戎马生涯。

也正是因为这段经历，吴昌硕希冀为这个处于危难之中的国家做更多的事，他在等待一个机会，希望可以大展拳脚。光绪二十五年（1899）十一月，机会终于来了，吴昌硕得同里丁葆元保举，受任江苏安东（今江苏淮安涟水县）县令。履新上任的那一天，乌云密布，北风怒号。行走在高峭的黄河堆堤上，风沙迷了双眼。吴昌硕对此行充满了期待，但他仅仅上任一个月便离任。消息一出，让人惊诧不已。原因其实很简单，那就是作为艺术家，吴昌硕对于官场那一套明显不能适应。一开始，面对前任留下的堆积如山的文案，这位有点耳聋眼花、腿还有点跛的五十六岁老人还是非常积极地进行处理的。但他很快发现，其中很多文案都是官场废话，他做的都是无用功。

很快年底到了，租税钱粮征收的工作也要抓紧，可这里地贫人穷，面对愁眉苦脸的百姓，自己也吃过苦的吴昌硕实在不忍心呵斥、催逼。更让他无法忍受的是官场的逢迎、官员的索贿以及无处不在的官场腐败，他骨子里的文人气与清朝末年官场的那份黑暗俨然格格不入。最终，吴昌硕醒悟了，他决定放下曾经的期许，不愿"摧眉折腰事权贵"，他在隆冬时节像城外的淮河水一般，荡然而去。

后来吴昌硕还刻了一枚"一月安东令"的印章，时时钤印在书画上，颇有自嘲之意。

不过他虽然为官时间极短，但亦有政绩，那就是为当地深受盐碱地之苦的百姓在县衙前凿了一口井，免去他们长途跋涉取水之苦。这口井也被人称为"昌硕井"，如今井虽已废弃，且鲜为人知，却真切地记录着百年之前吴昌硕与涟水千丝万缕的联系。

自安东之行后，吴昌硕已是心灰意冷，完全消除了心中的最后一点执念，绝定不再出仕，从此专攻艺术，成就自己的书画人生。

从此，世间少了一个虽然勤奋却终于平庸的官僚，多了一个天才的艺术大师。

五、大师的怪癖

吴昌硕"诗、书、画、印"四绝俱全，他自谓"人说我善作画，其实我的书法比画好，而我的篆刻更胜于书法"。他曾自述"予少好篆刻，自少至老，与印不一日离"。吴昌硕的篆刻，从浙皖诸家入手，上溯秦汉，多取石鼓、封泥及砖瓦文字，又得力于其深厚的书法功底。此外，他善用钝刀，使得其作品苍劲古朴，一看就是吴氏风格。吴昌硕一生并不顺遂，早年因战乱家破人亡，晚年丧子，但无论经历什么，他对艺术的追求和创新从未停歇。

大凡艺术家似乎都有些怪癖，吴昌硕自然也不例外，不过他的一些怪癖的本质其实是善良宽容。他盛名在外，求画之人自是络绎不绝，但那些有钱人捧着真金白银前来索画往往被他严词拒绝，而一般朋友向他求画，只要谈得投机，他会将自己的得意之作赠予友人，分文不取。

那是吴昌硕在苏州时，有一次他外出会友，在归家途中天降大雨，他在避雨时偶遇一个卖豆浆的老翁。两人交谈了几句，吴昌硕发现对方谈吐不凡，非常惊讶。俗话说"酒逢知己千杯少，话不投机半句多"，不知不觉间，他们聊了很久，竟然没有发现那雨早就停了。待到分手时，老翁才知道和自己交谈的就是大名鼎鼎的画家吴昌硕，便向他索画。吴昌硕没有一丝犹豫，慨然允诺，过了几天便送了一幅画给这位老翁，而且分文不取。

晚年的吴昌硕心态冲淡，而且喜欢标榜自己的"聋"，起的号便有聋缶、大聋等，看似自嘲，其实折射了他一心专注于艺事、不受外界杂音干扰的沉潜之心、宁静之态。他五十六岁辞官时为自己刻了一方"聋于官"的印，意为辞官后对官场是非不闻不问。六十一岁时作《蔬香图》，落款为"光绪甲辰岁寒聋缶偶作"。六十八岁时作诗示聋婢康玉石："我作聋丞尔聋婢，一般都是可怜虫。"七十岁以后自号"大聋"，并自刻"吴昌硕大聋"印。在《自题七十七岁画像》中他写道："聋如龙蛰，謷如夔立。"有一次，王一亭为他画像，他题句"耳病已聋，词拙则哑"。其实吴昌硕晚年虽然听力退化，但并不是真聋，不过是时常装聋作哑罢了，不愿听的就装作听不见。

一次，一位友人在闲谈中说："现在一般人鉴赏和选择书画，往往以耳代目，真是怪事。"吴昌硕笑道："如果他们真的都用眼睛鉴赏，我们这些人不是要饿死了吗？"

关于吴昌硕为人处世时的热情谦虚和待人真诚，还有几则趣事。

吴昌硕有一只特制酒杯，外形和别的杯子没有两样，但杯身、杯底处做得特别厚，这样就可以使杯中可盛之酒少却显得满。在家中待客时，他往往用此杯饮酒。某天"穿帮"之后，他风趣地说："你们都说我的画好，名气大，其实和这只酒杯一样，徒有其表而已。"吴昌硕用幽默的自嘲来体现自己的谦虚。

据说有一次，王一亭为他画了一幅像，吴昌硕自己题字曰："是酸寒尉，是乡阿姐？少壮及老，果何为者……书画篆刻，在古人下……"自嘲又谐趣横生。有人夸奖吴昌硕的作品"合南北为一辙"，他应声答道："简直不成东西，还谈什么南北。"其思维之敏捷、反应之快，令人惊叹。

吴昌硕还十分注重对我国文物古迹的保护，对《三老讳字忌日碑》的保护就是一个生动的例子。咸丰二年（1852），浙江余姚周世熊在自家的园中掘出一块石碑，经过鉴定，是东汉建武年间的《三老讳字忌日碑》，这块碑后来被转至江苏丹徒陈某手中。1912年，陈某拟将此碑出售给日本商人。吴昌硕听到这一消息，焦急万分，迅速发起募赎石碑的活动，最终募集了8000银元将这块石碑赎回，并在孤山建了一座仿吴越宝箧印塔的石室，用以收藏该碑。

晚年的吴昌硕，因足疾行动不便，理发时便要叫人上门服务。但他毫无架子，还爱跟理发师聊天拉家常，有时还学着他们的方言开玩笑。那时尽管服务一次只要一两角钱，吴昌硕却总是给他们一块银元，并且对他们道声"辛苦"。有几次理发师向他要画，他也毫不在乎地直接赠画。要知道，吴昌硕晚年在艺术上已经进入极高的境界了，海内外向他求取书画刻印的人很多，就是片纸只字都极为珍贵。

相反，如果是达官贵人上门求画，吴昌硕往往表现出"士可杀不可辱"的气节，不仅绝不向统治者低头，还会运用自己的艺术才华，对那些达官贵人进行辛辣而巧妙的讽刺。

1914年，哈同——这位依靠房地产及贩卖鸦片起家的大冒险家，为了庆祝自己的生日，想请吴昌硕为自己创作一幅画，虽然提出可以支付重金，依然遭到吴昌硕的拒绝。哈同不死心，就委托两位在上海书画界很有名望的艺术家代为求画。吴昌硕不好驳好友的面子，只好答应为哈同作画。他思考了一下，挥笔创作了一幅《柏树图》，只是那树叶要比通常大很多。当哈同前来取画时，看了半天不知画的是什么，就问吴昌硕。当吴昌硕说画的是柏树时，哈同不明就里问道：为何树叶画的如此之大，倒过来看就好像是葡萄叶一样。吴昌硕说我就是这个意思，就是要你倒过来看。见哈同迷惑不解，吴昌硕解释道："你们这些人不就是这样吗？办什么事情都是黑白颠倒、好坏不分，既然如此，我作画也就要颠倒着画了。"听到吴昌硕如此解释，哈同自然很是不快，但画是自己求的，吴昌硕又是知名大家，他也不好发作，只好吃了这个哑巴亏。

六、平生以梅花为知己

世人皆知吴昌硕爱梅，因为爱梅，他时不时就会画梅、咏梅。"十年不到香雪海，梅花忆我我忆梅。何时买棹冒雪去，便向花前倾一杯。"这是他写的一首《忆梅》，将念慕之心表露无遗。同治十二年（1873），吴昌硕跟随浙江安吉人潘芝畦学画梅。潘芝畦是吴昌硕父亲吴辛甲的诗友，为人敦厚儒雅，喜好书画，所画梅花很有特色，善于用飞白的笔法画梅的枝干，称为"扫梅"，在当地很有名声。吴昌硕最初画梅的风格受其影响颇深，以其三十六岁时所作的《墨梅册页》为例，梅花的枝干便采用了飞白的技法，花朵也描绘得活灵活现，似乎能闻到梅花溢出的清香。

在杭州跟随俞樾学习时，吴昌硕的另外一大收获便是结识了性情相投、能诗善画的知己吴伯滔。吴伯滔是浙江石门（今属嘉兴）人，字伯滔，号铁夫。大概是都姓吴的缘故吧，两人一见之后就极为投缘，常互赠作品、互相切磋。吴昌硕对吴伯滔甚为推崇，曾写诗赞曰："堂上松树生十围，滔老不画还数谁。"而吴伯滔赠吴昌硕山水图，所求的回报便是吴昌硕的梅花图，由此可见此时吴昌硕的梅花已画得极为出色了。

不过，真正让吴昌硕"懂得"梅花之神韵的，还是杭州余杭的超山。这里很早就是观赏梅花的胜地，为了画梅，吴昌硕经常跑到超山探访寻梅，常常在一株株梅树前观察很久，发现它们的不同之处和细节。晚年更是时常住在超山的梅树间，春赏梅，秋登高，赋诗作画，游兴不衰。他对超山的一株宋梅特别喜爱，并决定把自己的墓地就建在此处。1927 年冬，吴昌硕病逝于上海寓邸，随后安葬在杭州超山，如愿与生前最爱的梅花相伴。

自古以来，梅花便是高洁的象征，凄清孤寒、疏影暗香，是历代文人墨客的宠儿。隐居在西湖孤山的林和靖，就是以喜爱梅花和仙鹤著称，号称"梅妻鹤子"。他那首写梅花的代表作《山园小梅》更是脍炙人口，其中"疏影横斜水清浅，暗香浮动月黄昏"二句早已成为千古名句。

在绘画方面，古人更不会忘记梅花。宋代画家在画梅时就已经追求细致入微的观察和表现，最出名的便是杨无咎那幅将梅花未开、欲开、盛开、将残四种状态精细描绘出来的《四梅图》。到了元代，绘画又开始强调精神境界的净化和高洁，所以开始追求王冕那样"不要人夸好颜色，只留清气满乾坤"的墨梅。明清时期，画

杭州风华 HANG ZHOU

〔清〕吴昌硕《仙源桃花图》

风侧重于主观情感的抒发，从勾点、没骨转向大写，再到个性化的体验。在画梅方面，明末清初有一位名叫石涛的大师，是明宗室靖江王的后裔，自小就出家为僧。但他不是找间寺庙成天诵经礼佛，而是走南闯北、浪迹天涯，对社会和大自然有丰富的体验，在山水、花鸟、走兽、人物画方面具有很高的造诣，其所画梅花更是得到后人的赞叹，吴昌硕便是其中之一。

吴昌硕的绘画受到石涛的影响极大，尤其是在画梅方面，他所画的梅花郁屈盘纡，与石涛古枝虬干、犹如龙蟠凤翔的笔法颇为相似。吴昌硕画梅往往就以几条浓笔重墨的线条作为梅的主干，侧边延展出几笔小枝，穿插于主干之间，梅花则以浅墨勾勒，生机灵动。粗看似乎不合常规，然而细细品味，他的梅花枝干横竖交叉，看似杂乱无章，实则乱中有序、恰到好处，着力于表现出梅花的风姿，追求写意。

吴昌硕画的梅花，传世作品众多，是吴昌硕最具代表性的题材，其中那幅《苍然皮骨化古梅》又是诸多梅花作品中的代表作。在这幅画中，吴昌硕以中锋勾画枝干的长线，特别是梅花主干的粗线。先以淡墨湿笔书写，而后用重墨、焦墨提写，虽只寥寥几笔，却足见其深厚之笔力。吴昌硕的书法以石鼓文见长，笔法单纯，如果剥离梅花的具体形象，就会发觉这些笔线与石鼓文的书写相通。吴昌硕画梅多选取直立式构图，充分发挥这种构图的天地格局，强调垂直线与横斜线的穿插。此画也不例外，用垂直线冲起立势，斜线则交错横破，以下垂枝头迂回收势，大起大合，气局开阔。这种特点其实和吴昌硕的行书特点完全一致，在将书法与绘画的笔意交融互通方面，吴昌硕应该说是最成功者。

欣赏吴昌硕的梅花图，既在欣赏他的绘画，又在欣赏他的书法。吴昌硕的梅花就如同他的作品的一扇门，穿过就可以窥见吴昌硕的绘画天地，甚至可以深入到中国画悠远深邃的精神世界之中，还可以通过它一窥吴昌硕的书法、金石世界。吴昌硕对于书法与绘画有一致的审美追求，强调骨力，追求苍茫古厚、朴拙雄强的内在美。无论是书法还是绘画，他的作品都使观者体验到统一的内在品质。

吴昌硕善于向古人学习，特别喜爱历代写意派画家的作品，比如明代花鸟写意派大家陈淳、开启了明清写意画风的浙江老乡徐渭以及明末清初的写意派绘画大师八大山人等。吴昌硕学画初期虽然也是从模仿开始的，但随即就开始追求自己的风格，最终将篆刻、书法等方面的特点融入绘画创作中，开启了自己的写意之风。在绘画题材方面，吴昌硕擅长大写意花卉蔬果，兼及山水、人物。他入画的题材极为广泛，有四十多种，其中又以梅、兰、竹、菊、荷、牡丹、水仙、藤本植物等居多，可以说大都是寻常所见之物。

经过时间的洗礼，中国画在绘画技法上也几经变革，至吴昌硕时期，已改为强调以书入画，表现金石趣味。吴昌硕在花鸟画的演进中具有承前启后的作用。他对古人的学习和研究贯穿了整个绘画生涯，自称"三十学诗，五十学画"。学画虽晚，但深刻的篆刻技法以及多年的书法功底让他手法沉稳、握笔有力，这些都让他在绘画学习上事半功倍。在他之后的齐白石、潘天寿、陈半丁、李苦禅等基本上都延续了吴昌硕的大写意风格，并在此基础上做出个人的拓展。

吴昌硕真正的创作巅峰期当在六十岁至八十岁之间，他早年没有在绘画上取得成就，不过在书法和篆刻上已经形成了自己的独特风格。很多人认为，正是深厚的篆刻和书法功底，才使他的画别具一格，朴拙大气。

七、天下第一印社的第一位掌门

如果在百度上输入"吴昌硕"进行搜索，除了他的个人简介外，还能搜到四处纪念馆的地址，即他一个人就有四个纪念馆。此四处纪念馆分别为：1957年建在杭州西泠印社内的最早的纪念馆、建在其出生地安吉的纪念馆、建在其墓地所在地余杭超山的纪念馆以及晚年寓居之所上海的纪念馆，四处纪念馆有三处在浙江，其中两处在杭州，可见其与杭州的渊源匪浅。

接下来，应该介绍一下西湖边大名鼎鼎的西泠印社了，它和吴昌硕的关系可以说是你中有我、我中有你。

光绪三十年（1904），由浙派篆刻家丁辅之、王福庵、吴隐、叶为铭等四人在孤山数峰阁旁买地筑室，创立印社（后于1913年正式定名为西泠印社），以"保存金石，研究印学，兼及书画"为宗旨，是中国第一个专事篆刻艺术的全国性社团组织，至今已有百余年的历史。但是这首任社长之位因要求太高，一直虚位以待。直至1913年，被公推为艺坛泰斗、"后海派"艺术的开山代表和近代中国艺坛承前启后一代巨匠的吴昌硕，才以七十岁高龄坐上这个位置，也自此开启了西泠印社的辉煌篇章。

西泠印社成立之初以研究印学为宗旨，以吴昌硕在印学方面的造诣，社长之位非他莫属，所以一开始大家便公推吴昌硕为社长，他却以撰写对联的方式婉拒：

印岂无源？读书坐风雨晦明，数布衣曾开浙派；
社何敢长？识字仅鼎彝瓴甓，一耕夫来自田间。

后来他实在推脱不过，才就任社长职位。现在有一个热词叫"顶流"，吴昌硕在当时的艺坛绝对是顶流一样的存在。有他坐镇西泠印社，登高一呼，精英迅速云集而来。

自此之后，西泠印社社长之位不时空置似乎也成了传统，大概也正是如此严谨，西泠印社才为世人所推崇，被称为"天下第一印社"。

西泠印社百余年间只有七任社长，社长空缺的时间加起来有六十余年，一切只因为社长的人选很难决定，只有德高望重之大艺术家方可胜任。自 2018 年 2 月第七任社长饶宗颐先生故去之后，似乎大家都在追问一个问题，谁会是下一任社长呢？不过，对于将社长空缺视为常态的西泠印社来说，这个问题似乎也不着急回答。毕竟这百年名社的历任社长的名字都过于耀眼：吴昌硕、马衡、张宗祥、沙孟海、赵朴初、启功……社员中则不乏李叔同、马一浮、黄宾虹、丰子恺这样的名家，足可见其掌门人的分量。

吴昌硕出任社长之后，李叔同、黄宾虹、马一浮、丰子恺、吴湖帆等均为西泠印社社员，杨守敬、盛宣怀、康有为等为赞助社员。此后，西泠印社迅速发展，声望日隆，它还积极推动与日本书画篆刻界的交流，发展吸收日本等国的海外社员，杭州也逐步确立了海内金石书画重镇的地位。

对于西泠印社，很多外地游客可能都会忽略它的存在，虽然它就在白堤尽头的孤山脚下。西湖一年四季从未缺过游客，游客最多的毫无疑问是断桥一带，从断桥沿着白堤走到另一端，右手边即是一座虽然不高但一年四季总是被翠绿笼罩的小山，这就是孤山。孤山这一带

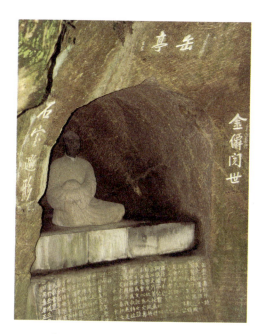

位于西泠印社岳龛中
的吴昌硕像

除了有楼外楼和俞樾当年讲学的俞楼外，还有浙江省博物馆、浙江图书馆（古籍部）、清行宫遗址等。但很多游客可能不知道有"天下第一名社"之誉的西泠印社也藏身于此，就在楼外楼的一侧。只因它非常低调，一不留神就会错过。

孤山路31号，一个早已被写进历史的地址。白墙黛瓦，门上的匾额上题有"西泠印社"四个大字，为著名书法家、篆刻家、西泠印社第四任社长沙孟海先生所写。来此游览的艺术的朝圣者们会发现，西泠印社比他们想象的更大。

入门，拾级而上，处处皆是大家手笔，登至西泠印社最高处，可见一栋砖木结构的中式花园别墅，名"题襟馆"，建于民国初年。别墅依山取势，坐北朝南，位于西泠印社的最高处，面积约70平方米，本是艺术大家吴昌硕先生在杭州的"创作别墅"，"题襟"之名便来自吴昌硕领衔的沪上书画组织所在地题襟馆书屋。此楼又名"隐闲楼"，取苏东坡诗意。这里是观西湖的绝佳位置，吴昌硕称"每居此，则湖山之胜，必当奔集于腕下，骈罗于胸中"，康有为亦称此处为"湖山最胜"。西泠印社内还有一座小楼，名"观乐楼"，原是西泠印社创始人之一吴隐的重孙吴善庆为纪念吴家祖先季札（春秋时期吴国的公子）而建，后因吴昌硕先生曾在此小住，现在成了吴昌硕纪念馆。

　　晚年的吴昌硕声名如日中天，想拜他为师的人络绎不绝，他对于好学者也是倾囊相授，所以门下弟子众多。众所周知，他有 13 位弟子，即齐白石、王一亭、赵云壑、陈师曾、陈半丁、李苦李、朱屺瞻、潘天寿、王个簃、吴弗之、沙孟海、诸乐三、朱复戡，都是近现代中国艺术史上赫赫有名的大家。著名画家齐白石一生追慕吴昌硕，他在《白石诗草》中这样写道："青藤、雪个、大涤子之画，能纵横涂抹，余心极服之，恨不生前三百年，或为诸君磨墨理纸。诸君不纳，余于门外饿而不去，亦快事也。"又言："青藤雪个远凡胎，老缶衰年别有才。我欲九原为走狗，三家门下转轮来。"这就是"门下走狗"一语的由来。这些都算是正式拜入其门下的弟子，其实吴昌硕提携的后辈远不止于这些名家，还有很多蒙其眷顾却未正式收徒者的，甚至连在公园偶遇的邻居小孩，他也愿意花时间认真指点，只要他们真心想学。

　　对于前来求教的国际友人，吴昌硕也从来都不吝赐教。他有一名日籍弟子河井荃庐，是日本印坛的宗师。河井荃庐极为爱戴老师，大力向弟子们以及社会宣扬吴昌硕"强其骨"的精神以及他"诗、书、画、印"四绝的艺术真谛。在河井荃庐的影响下，他的弟子西川宁、松丸东鱼、小林斗盦以及再传弟子青山杉雨、三传弟子高木圣雨都成为吴昌硕艺术的推崇和研究者。据说，每年的 3 月 10 日，关东地区最大，也可以说是日本最大、最权威的书道团体——谦慎书道会的主要干部都会去东京港区的大德寺祭奠祖师爷河井荃庐。有人认为，"祭奠宗师荃庐公，尊仰四绝昌硕翁"已成为日本书坛不可动摇的传统活动。所以日本艺术界前来拜祭吴昌硕也就不足为奇了。

民国十六年十月十三日（1927 年 11 月 6 日），吴昌硕突患中风，十一月初六（11 月 29 日）病逝于沪寓，享年八十四岁。民国二十二年（1933），家人将其迁葬于杭州超山报慈寺西侧山麓，墓地坐落于宋梅亭畔，墓门石柱上刻有沈淇泉（卫）所撰联语：

其人为金石大家，沉酣到三代鼎彝，两京碑碣；
此地傍玉潜故宅，环抱有几重山色，十里梅花。

遵照吴昌硕生前遗愿，墓地背靠青山，面对梅林。为了运输灵柩，人们特地从河埠至墓道修筑了一条长五百米、宽一米的石板路。由于棺木运来时墓道尚未完成，所以直到 1932 年 11 月，全部陵墓工程才竣工。墓前是先生的花岗岩全身立像，手握书卷，眺望梅林。墓体呈圆柱形，墓顶拱隆，四周是环道。

臧克家那首为了纪念鲁迅而写的诗歌《有的人》，恰可以用来表示我们对吴昌硕这位平民艺术家的缅怀之情：

有的人活着
他已经死了；
有的人死了
他还活着。
……

第十四章

西湖老画工

——大画家黄宾虹

一、千里姻缘一线牵

在杭州西湖的西泠桥边，立着一尊与真人差不多大小的铜像，手拿画笔，面向西湖。不知道这塑像是谁的人，一般是不了解杭州、不熟悉西湖的。他就是大名鼎鼎的画家黄宾虹先生。中国历代画家中喜爱西湖并曾在杭州居住的为数众多，但在西湖边有塑像的画家只有黄宾虹和潘天寿，足见杭州人民对这位艺术家的热爱，也说明黄宾虹的艺术生涯与西湖渊源深厚。

杭州西湖自古就美丽多情，从古至今不知撩拨了多少才子佳人为其低吟浅唱，想伴其左右者亦不在少数。西子湖畔，一步一景，文人骚客，墨宝云集，且不说安眠于此的众多名人，仅在西湖边置产定居的就为数众多，而西湖边那些林立的名人故居中就有黄宾虹的一处，那就是依山而建、毗邻岳庙的一座两层双开间的西式小楼，其名牌号为著名的栖霞岭 31 号（原栖霞岭 32 号）。院内树木参天，朴素静雅，依稀可窥大师当年的生活。

黄宾虹晚年在杭生活，格外喜爱西湖，每日坚持在西湖边写生作画，甘之如饴，并发出"愿作西湖老画工"

的感慨。据曾入读国立杭州艺专的新浙派人物画创始人之一的方增先回忆，他入学后有一天和同学到西湖边游览，同学指着一位正对着西湖写生的老者说："他就是黄宾虹。"方增先看到黄宾虹站在西湖边，正拿着巴掌大的本子认真写生，这也成了后人对黄宾虹的经典印象。方增先知道写生技法是从西方传来的，他们这些年轻的美术生才这样在外写生，哪有戴瓜皮帽、穿长袍的老国画家这么做的。方增先觉得很奇怪，就凑到黄宾虹身后看。看一眼老先生纸上的画，再看一看前面的景，方增先发现他画的和眼前的景一点关系都没有，根本不知道老先生在画什么。其实黄宾虹的写生有他自己的特色和目的，他不是单纯地为写生而写生，而是在为之后的创作打腹稿。他描绘西湖的名作《栖霞岭下晓望》《西泠桥上》等，素材都来自这些写生。

黄宾虹（1865—1955），初名懋质，后改名质，字朴存，号宾虹，别署予向。原籍安徽歙县，但出生在浙江金华。黄宾虹既是山水画一代宗师，也是书法名家，与白蕉、高二适、李志敏合称为"20世纪文人书法四大家"。

虽然黄宾虹的绘画是不可多得的艺术精品，有的甚至可以拍出天价，但在艺术史上对他的评价却极为矛盾。说他好的就是极好，说他不好的就极力贬低。为何如此？因为他的绘画文化含量太重，他的绘画审美历史感太苍凉，所以欣赏他的画需要人生阅历，需要文化积淀，需要美学修养。

说起来黄宾虹虽出生在金华，却与杭州渊源颇深，据《画家黄宾虹年谱》记载，他早期曾时常往来于金华和杭州之间。故事要从同治癸酉年（1873）时说起，那时黄宾虹不过十岁。他自小喜爱书画，在金华时要是遇到能书会画的人，必定上前向人请教。十岁那年，他听

黄宾虹《西泠湖山图》

说当地有名的书画家倪易甫画画时会把白宣纸钉到墙上，瞅来瞅去，看上三天之后才取下纸，然后在画案上一挥而就。他感到很奇怪，为什么要盯着张白纸看三天，便去请教父亲，他父亲说："你忘了我给你讲的王子安（王勃）打腹稿的故事了吗？"黄宾虹恍然大悟，原来倪易甫在对着白纸打腹稿。从此，他绘画之前也注意先打腹稿，待胸有成竹后再挥毫作画。

后来黄宾虹跟随父亲去杭州游览时，见到赵孟頫的外孙、元末明初的画家王蒙所绘的山水画，很是喜欢，便细细临摹。光绪乙酉年（1885），二十一岁的黄宾虹由安徽歙县出新安江经杭州至南京再到扬州，沿途饱览了新安江及大江南北的山山水水，一路赏景一路写生，到杭州后，他被西湖美景吸引，就暂时中断了行程，在杭州住了一段时间。光绪戊子年（1888），他由扬州经杭州返金华探望双亲，在杭州时又专程去拜访收藏家金德鉴，并应金氏的请求割爱部分书画，开始学习篆籀。

每个人的心中都有一座城，记忆的城，故乡的城，梦里的城，而情到深处的记忆就是文化。几十年来，黄宾虹往来于安徽、扬州、浙江之间，但他对杭州始终葆有一份美好的初心。

据浙江省博物馆馆藏档案中黄宾虹太太宋若婴亲笔写下的回忆录记载，黄宾虹对来杭游览居住之心早已有之。1920年岁末，黄宾虹夫妇自上海赶到杭州西湖赏雪，夜宿湖滨旅馆。这一住便是二十余天，黄宾虹日日在湖上泛舟，看见优美的风景便随手画在随身携带的小册子上，他高兴地说："杭州是平原地带，像一个大花园，处处都是景致。"某天日暮时分，泛舟在金沙港岳坟一带的黄宾虹夫妇，看到洒在湖面上的落日余晖，波光粼粼一片金黄，黄宾虹不由地感慨道："杭州这地方真好。"

夫人随声附和道："最好住家在杭州。""何尝不好，可是住在杭州这地方也不是简单的，我们是没有条件住在这里的。"黄宾虹的言语里透着惋惜之情。两人带着遗憾离开，但这份心愿一直保存在心中。

念念不忘，必有回响，他的这份心愿终于在二十八年后得以实现。1948 年的秋天，杭州向他抛出了橄榄枝，八十四岁高龄的黄宾虹应国立杭州艺术专科学校（中国美术学院前身）校长潘天寿之聘任国画教授，于是举家从北京迁往杭州，并在八十九岁那年搬到栖霞岭 32 号，与西湖比邻而居，开始了老人人生最后几年惬意的湖上定居生涯。黄宾虹定居西子湖畔后，时不时就跑去葛岭、孤山、玉泉、灵隐、天竺等处写生，也为杭州留下了不少弥足珍贵的画作和诗歌。且让我们欣赏一下这位书画大家赞美西湖的诗歌：

西湖杂咏
云合云开楼上下，日升日落榻东西。
侧身枕畔低徊看，身与雷峰塔顶齐。

丙子初冬湖上
湖波如镜绕山斜，岸下鸡鸣有隐家。
与客相携过桥去，绿阴清寂试新茶。

上述两首不愧为画家之诗，诗中有画，且有动有静，意境清丽秀美，颇得西湖的神韵。他对西湖爱得深沉，即使后来白内障加剧，在几乎失明的情况下，依旧舍不得放下手中画笔。他虽然眼睛看不见，但心中有景，达到手心相忘的境界，蜕变为真正的"浑厚华滋"，以"内美"的境界彰显山水画的精髓，表现西湖特有的魅力。

二、一手画笔，一手拿枪

黄宾虹平日说得最多的一句话就是："要等到我死后五十年，才会有人欣赏我的画。"在中外历史上敢这样说的人不多，记得法国 19 世纪时的小说家司汤达曾经说过他的长篇小说《红与黑》同时代的人不会欣赏，要 20 世纪的读者才能看懂。果然在 20 世纪，司汤达成为继巴尔扎克后法国又一位小说大师，《红与黑》也成为永恒的经典。与之相应，黄宾虹的画作如今也成为收藏家争相收藏的珍品，更有不少作品被国家级博物馆收藏。

当然，还有一个说法可以验证黄宾虹的艺术大师地位，那就是中国近代绘画史上的"南黄北齐"之说——"北齐"指的是居住在北京的花鸟画巨匠齐白石，"南黄"说的就是山水画大师黄宾虹。说起来这两位大师有些地方还比较相似，例如他们在艺术创作方面都十分注重写生，都属于大器晚成型，也都很长寿。只不过齐白石多画花鸟，黄宾虹则擅长山水。

黄宾虹祖籍安徽歙县潭渡村，其父黄定华是一位在金华经营布店多年的徽商，因娶了金华本地姑娘方氏，就将家安在金华。公元 1865 年 1 月 27 日，黄宾虹在金华出生，童年足迹也遍布金华的酒坊巷、铁岭头、兴让坊、三元坊……所以尽管他祖籍安徽，却是地道的浙江人，人生的起点与终点皆在浙江，也因此他对于浙江、对于杭州的感情自然非同一般。

俗话说，"培养一个贵族需要三代人的努力"，黄宾虹能够成为一代大师，应该说他那位琴棋书画都略懂的"半吊子"父亲居功至伟。据说黄宾虹四岁时就被保姆抱着看父亲作画，父亲还时常让其握笔任意涂抹，可能就是这信手涂鸦，开启了他的艺术启蒙之路。

　　作为读书人，黄定华在对儿子的教育上煞费苦心，希望他可以中举入仕，光宗耀祖。黄宾虹六岁时，便请老师上门教授四书，还亲自教授《说文解字》。黄宾虹也着实早慧，十三岁回原籍参加童子试便名列前茅。他不仅学习了得，艺术天赋也早早地就崭露头角，十六岁时就有"金华小画家"的美誉。此外，他并非是一心只读圣贤书的文弱书生，还会舞刀弄剑，会拳术，会骑马，真可谓是内外兼修、文武双全。

　　不过人的精力总是有限，爱好多了精力就分散了。如果不是黄宾虹在之后的科举之路上接连失败，断了入仕为官的念头，中国的画坛上很可能就要缺少一位大家了。考试连续失败对一位学霸来说打击自然很大，但从个人角度而言，读书入仕不过是遵从父命，自己最喜欢的还是习书作画。两次应试失败反而促使他决定正式放弃科举之路，潜心追求书法和绘画艺术。黄宾虹年少时曾考入有名的紫阳书院，这"紫阳"是朱熹的号，在清代，很多省份都有紫阳书院，而黄宾虹考入的是王宗忻所在的紫阳书院。王宗忻是当时有名的学者，国学功底扎实，学识渊博，黄宾虹非常钦佩这位老师的人品与学养，于是就怀着这种充满崇敬的心情接受了较为系统的国学教育，这些都为他今后的艺术生涯打下了很好的基础。

　　放弃科举之路后，黄宾虹将全部时间用来钻研艺术。他年少时向倪谦甫请教作画的方法时，倪谦甫告诉他："当如作字法，笔笔宜分明，方不致为画匠也。"黄宾虹觉得很有道理，决定以写书法的方法去作画，这一点倒是和吴昌硕颇为类似。当然，要成为好画家，特别是山水画家，除了研究前辈的作品，习得精髓要领之外，还必须注重"游山玩水"，加强对自然的了解和观察。比如之前我们介绍过的山水画大师黄公望，直到晚年依旧来往于各地，行走于山水之间。

在这方面，黄宾虹确实继承了同姓前辈黄公望的风格，他们不是传统意义上的关在书斋研究前人绘画技艺，然后孜孜不倦进行创作的画家，倒更像是艺术的修行者。黄宾虹热爱祖国的大好河山，认为"中华大地，无山不美，无水不秀"，并且坚决奉行"纸上得来终觉浅"的真谛，四攀岱岳，五登九华山，到过峨眉、青城、三峡、雁荡……中国大大小小的名山秀水很多都留下了他的足迹。也正是在广泛考察自然山水和学习前人绘画技法的基础上，他总结出一些独特的绘画理论，如知白守黑、屋漏痕、月移壁等。他真正做到了理论与实践相结合，不刻意追求理论，而是追求"内美"，所以他的山水画非常有灵性，他的这种特立独行的绘画方式最终成就了他的辉煌。

黄宾虹的身份除了画家外，还有美术史论家、书法家、篆刻家、诗人、文献学家、考古学家、文物鉴定家等，是一位血管里流淌着中华文化血液的国学大师。他说死后五十年才有人懂他的画，也许未必就是谦虚，而是他的一份自负。他对于艺术一直有着自己的追求，虽有很多人不认同，但他依然坚持着自己的创作原则，就比如晚年他坚持画得漆黑一团的山水画路子，还很有信心地说："画要走正宗的路子。"对于别人的否定，他却说："人家说我画得太黑，不漂亮。不久将来人家要研究我的画，现在当然不为人家所欢喜。"这个将中国传统文化内涵以及实践出真知的理念都融到骨子里的人，他画中的那些意境、那些精神，经过时间的沉淀，就如他所预测的那般，终于在 20 世纪 90 年代绽放出光彩，在那时出现的"黄宾虹热"，至今不衰。但是，在喧嚣声中，又有几人真正能读懂黄宾虹，能体会其中的艺术精神呢?

黄宾虹创作一生,追求的唯有"本心"二字。我们也期待能有更多的人读懂黄宾虹,如此才可能像他一样,获得真正的成功。

不过,要是认为黄宾虹只是传统意义上的一位画家,那就大错特错了,他其实是个爱折腾的主,除了"主业"绘画,其他一些"副业"也在他的不断折腾下散发出别样的精彩。光绪三十年(1904),黄宾虹去芜湖担任安徽公学襄办校务,他在这里结识了章太炎、陈独秀等一大批倡导新思想的革命家、思想家和学问大家,并就此投身到推翻清政府的革命事业之中。

1907年,黄宾虹因为四处奔走为同盟会筹款,不幸成为清政府通缉的对象,不得不离开芜湖避居上海。还好那会儿没有网络,他在上海这个十里洋场也不必东躲西藏,过得还算自由。在上海,他不但参与吴昌硕主持的海上题襟馆活动,还从事《政艺通报》《国粹丛书》《国粹学报》等图书杂志的编辑工作。

1909年,黄宾虹参与了由近现代政治家、民主人士、诗人柳亚子等创立的、在中国近现代史上产生过重要影响的文化团体南社的创建,并冒险参加了第一次雅集,与同盟会呼应,反抗清政府。那是该年的11月13日,黄宾虹与陈去病、柳亚子等几人,在苏州阊门外阿黛桥登上一艘画舫,驶往苏州城外的虎丘。彼时,大清王朝已日趋衰败,革命胜利的曙光已在眼前。年仅二十三岁的柳亚子站在船头,看着朝气蓬勃的社友们,口占一律:

> 画船箫鼓山塘路,容与中流放棹来。
> 衣带临风池水绉,长眉如画远山开。

青琴白石新游侣，越角吴根旧霸才。

携得名流同一舸，低徊无语且衔杯。

黄宾虹听后也是激情勃发，更坚定了他革命到底的决心。

不久，辛亥革命爆发，黄宾虹利用担任《神州日报》主笔的机会，积极撰写文章，宣扬民主革命思想。中华民国成立之后，他还在神州国光社、商务印书馆、有正书局等单位从事编纂工作多年。尽管他忧国忧民，积极参与革命事业，但看到辛亥革命后国内军阀混战的局面，逐渐感到救国无门，决定安安心心搞艺术，寻求精神的寄托。后来，他还担任过暨南大学中国画导师、新华艺专教授、中国艺术专科学校校长等，培养出一大批优秀学生。在这层意义上来说，可以说中国近现代革命史上如果少了黄宾虹，革命事业还是会成功；但中国近现代艺术史上如果少了黄宾虹，其辉煌绚丽的色彩必定会暗淡许多。

参考文献

1.〔明〕田汝成：《西湖游览志》，上海古籍出版社，1980 年。

2.浦仲诚著，沙沁绘：《黄公望传》（绘图本），古吴轩出版社，2018 年。

3.佟玉斌、佟舟：《书画名家逸闻趣事》，人民武警出版社，2010 年。

4.孙旭升编著：《书画家轶事丛抄》，西泠印社出版社，2012 年。

5.王家诚：《吴昌硕传》，百花文艺出版社，2007 年。

6.黄宾虹：《琴书都在翠微中——黄宾虹自述》，文化艺术出版社，2015 年。

7.何炳武：《褚遂良评传》，太白文艺出版社，2017 年。

8.孙跃：《西湖边的墨迹》，浙江大学出版社，2013 年。

9.郑以墨编著：《吴昌硕》，山西教育出版社，2006 年。

10.任伯年艺术研究院编：《画坛圣手——任伯年艺术人生》，中国美术学院出版社，2016 年。

11.《历代名家册页》编委会编：《历代名家册页 任伯年》，浙江人民美术出版社，2012 年。

12.《历代名家册页》编委会编：《历代名家册页 吴昌硕》，浙江人民美术出版社，2012 年。

13.《历代名家册页》编委会编：《历代名家册页 蓝瑛》，浙江人民美术出版社，2012 年。

14.王东声：《苦铁道人梅知己：吴昌硕艺术人生》，文化艺术出版社，2010 年。

15.潘天寿：《中国绘画史》，团结出版社，2009 年。